29,

O Livro no Jornal

Isabel Travancas

O Livro no Jornal

Os suplementos literários dos jornais franceses e brasileiros nos anos 90

Ateliê Editorial

Copyright © 2001 by Isabel Travancas

Direitos reservados e protegidos pela Lei 9.610 de 19.02.1998.
É proibida a reprodução total ou pracial sem autorização,
por escrito, da editora.

ISBN – 85-7480-082-1

Editor: Plinio Martins Filho
Produtor Editorial: Tomás B. Martins

Direitos reservados à
ATELIÊ EDITORIAL
Rua Manoel Pereira Leite, 15
067090-280 – Granja Viana – Cotia – SP
Telefax: (11) 4612-9666
www.atelie.com.br   atelie_editorial@uol.com.br
2001

Printed in Brazil
Foi feito o depósito legal

*Dedico este trabalho a meu pai, pelo passado,
ao Chico e a Sofia, pelo futuro*

Sumário

IMPRENSA E CULTURA – *Gilberto Velho* 11
INTRODUÇÃO 13

O LIVRO NO JORNAL

1. SUPLEMENTOS E LEITORES 21
   Os Quatro Escolhidos 28
   Jornal do Brasil 29
   Folha de S. Paulo 30
   Le Monde 31
   Libération 33
   Perfil do Leitor 34
   Os Suplementos 36
   Quem Escreve nos Suplementos? 39
   Diferenças e Semelhanças 45
   O Mercado Editorial no Brasil e na França 48
   O Leitor 54

2. RETRATO DOS CADERNOS 61
   O Romance em Destaque 61

O Lugar do Escritor 75
Cânones 85
Livros Brasileiros em *Les Livres* e *Le Monde des Livres* . 90
Livros Franceses no *Idéias* e no *Mais!* 94
Eventos do Mercado Editorial 102

3. O DISCURSO DOS INTELECTUAIS 115
Ser Intelectual 120
Subjetividades 123
Jornalistas e Acadêmicos 130
Redes de Relações 133
Prêmios Literários 136
A Lógica do Mercado 138
O *Parti Pris* do Livro 143
Entrevistas e Entrevistados 144

CONCLUSÃO 147

BIBLIOGRAFIA 153

AGRADECIMENTOS 161

Imprensa e Cultura

Gilberto Velho[1]

Isabel Travancas vem trabalhando, sistematicamente, sobre o *mundo da imprensa* desde a sua graduação, passando pelo mestrado e chegando ao doutorado. Demonstra grande domínio sobre o tema, assim como uma reflexão original e amadurecida.

Neste livro, cuja origem é sua tese de doutoramento, a autora empreende um fascinante estudo comparativo entre suplementos literários brasileiros e franceses dos anos 90 do século que vem de se encerrar. Entre vários aspectos interessantes de seu trabalho, destaque-se a sua visão da imprensa como mediadora entre o mundo da alta cultura e a sociedade em geral. Os suplementos literários constituem-se em objeto privilegiado para investigar essa mediação. Através de sua pesquisa aproximamo-nos das sociedades brasileira e francesa em seus pontos comuns e singularidade. Uma das estratégias principais é avaliar as relações entre hierarquia e ideologias individualistas na França e no Brasil. Investiga também o papel da *intelligentzia* em ambas as sociedades, avaliando o seu lugar na imprensa, as suas relações com os jornalistas e as

---

1. Professor titular de Antropologia Social do Museu Nacional/UFRJ.

múltiplas identidades que podem ser negociadas e desempenhadas em contextos específicos. Contribui, de modo efetivo, para a compreensão de várias dimensões das sociedades complexas moderno-contemporâneas, através da percepção da importância e do modo de funcionamento das *redes sociais*. Por outro lado, discute a lógica do mercado editorial e as particularidades das relações entre o mundo da imprensa e o mundo dos intelectuais. Lida bem com as ambigüidades e a dinâmica dos papeis sociais e com as *metamorfoses* ligadas a trajetórias e carreiras de jornalistas, intelectuais e de intelectuais-jornalistas. Examina as tensões e contradições entre a dimensão do mérito literário e acadêmico e do sucesso empresarial-comercial. Está em jogo, entre outras questões a temática do *best-seller* em contraponto às obras eruditas e de valor artístico mais ou menos esotérico.

Para construir o seu trabalho, Isabel Travancas, além de realizar importante investigação e pesquisa bibliográficas e de leitura direta da imprensa e de seus suplementos literários, entrevistou diversos atores, ligados a sua temática, incorporando depoimentos preciosos. Assim, este livro é uma contribuição relevante para o estudo da imprensa em geral e, particularmente, de seu papel na França e no Brasil como mediadora e *locus* de encontro e negociação entre diferentes atores sociais e universos simbólicos.

Introdução

Este livro é uma versão mais concisa da minha tese de doutorado defendida em maio de 1998, na Pós-Graduação em Literatura Comparada do Departamento de Letras da UERJ. Minha idéia ao realizar esta pesquisa foi pensar como se consituem e se estruturam os suplementos literários na França e no Brasil, nos anos 90. Para isso selecionei quatro suplementos de diferentes órgãos da grande imprensa, significativos para o campo editorial e jornalístico. Foram os cadernos: *Idéias* do *Jornal do Brasil*; *Mais!* da *Folha de S. Paulo*; *Les Livres* do *Libération* e *Le Monde des Livres* do *Le Monde*.

O trabalho realizado dentro de uma perspectiva multidisciplinar, lançando mão de estudos de diversas áreas, se dividiu em duas vertentes básicas para a análise: a leitura crítica e conseqüente seleção dos suplementos publicados no período de 1990 a 1996, nos dois países; e a análise de cerca de quarenta entrevistados franceses e brasileiros, que constituíram uma amostragem de profissionais de diversos setores, todos envolvidos diretamente com o tema da tese. A amostra, que considero representativa deste universo, consistiu basicamente em jornalistas dos suplementos selecionados, jornalistas de outros veículos, assessores de imprensa de editoras, críticos

14 ISABEL TRAVANCAS

literários, professores universitários, editores, além de um escritor e uma livreira.

Ainda que existam muitas diferenças entre os indivíduos que deram depoimentos, acredito que elas não sejam definidoras de identidades tão distintas ou de visões de mundo muito diferentes. Ao longo de minha investigação reparti os informantes em três sub-áreas: jornalística, editorial e acadêmica – para avaliar as perspectivas de cada uma delas em relação ao próprio grupo e, principalmente, em relação ao objeto da pesquisa: os suplementos.

Creio ainda ser necessário explicar por que a escolha recaiu sobre os suplementos destes dois países. Em relação ao Brasil, penso que este trabalho prossegue dentro da mesma linha de pesquisa na qual já realizei trabalhos sobre imprensa e jornalistas. Aliado ao fato de ainda serem raras as investigações sobre os suplementos literários da atualidade. Há trabalhos sobre outros períodos e épocas, mas não sobre os anos 90, ou seja, a contemporaneidade.

Neste sentido, assumo a dificuldade deste tipo de *démarche*, mas compreendo que o estudo da "história do presente", nos termos do historiador Pierre Nora (1986) é viável e importante.

Considero também que a antropologia social vem confirmar essa possibilidade quando enfatiza o significado de estudos sobre as sociedades atuais modernas e urbanas. O antropólogo não é mais o pesquisador que só se interessa por sociedades "exóticas" ou longínquas. Há hoje toda uma vertente da antropologia que afirma o papel e a importância de pesquisas sobre a nossa sociedade e não mais a do "outro", assim como sobre os nossos próprios segmentos. Gilberto Velho (1987) declara que essa proximidade, esse envolvimento com o tema da pesquisa não é um problema em si, mas um fator a mais que pode contribuir para uma melhor reflexão e o enriquecimento do trabalho.

Neste sentido, afirmo meu pertencimento ao universo dos jornalistas, assim como lanço mão de minha experiência

O Livro no Jornal

profissional no mercado editorial para explicá-los também como motivadores da escolha do tema desta tese.

A escolha de investigar jornais da França também não ocorreu por acaso. Reafirmo aqui meus laços afetivos e culturais com aquele país, anteriores a este estudo e que já haviam influenciado minha monografia de final de curso de Comunicação, na qual acompanhei a repercussão na imprensa francesa da campanha política pelas diretas em 1984.

Ao lado disso, há a influência cultural da França em nosso país, seja na imprensa, no mercado editorial e mais especialmente na literatura, o que já foi apontado por vários pesquisadores.

E somado a todos estes fatores, está o meu enorme interesse em tentar comparar dois mundos tão distintos.

Juntamente com estes dados está a inserção da pesquisa na problemática da literatura comparada. Como já afirmei, este é o resultado de um trabalho multidisciplinar e fruto de minha trajetória intelectual que se inicia na graduação em Jornalismo na PUC, onde realizei a monografia sobre a imprensa francesa dentro de uma perspectiva antropológica. Em seguida, curso o mestrado em Antropologia Social, no Museu Nacional, onde defendi uma dissertação na área de Antropologia Urbana intitulada *O Mundo dos Jornalistas – Um Estudo de Identidade e Carreira em Camadas Médias*. Com este trabalho estou finalizando o Doutorado em Literatura Comparada na UERJ.

O que há de comum nesta trajetória é o objeto. Sempre abordando os jornais ou os jornalistas, e nesta trabalho reunindo os dois lados, faço um deslizamento inevitável para a disciplina de Letras, que aponta para a complexidade do próprio objeto e que obriga esse diálogo de vários domínios do saber, uma vez que a teoria da comunicação não se constitui um ramo autônomo. Não é à toa que o antropólogo Everardo Rocha (1995) afirma que a indústria cultural é um fato social, por ser coercitiva, extensa e externa aos indivíduos. E o conhecimento produzido sobre e a partir dela pertence geralmente a diversos domínios. Para Rocha (1995: 60) "De um lado a comunicação é tão radicalmente ampla que o limite é o 'vazio do céu', e, de outro, é tão particularmente definida que o limite é a 'terra ocupada' pelas disciplinas tradicionais".

Ficou claro, no desenrolar da tese, como os dois universos – dos suplementos literários no Brasil e na França, assim como seus produtores – têm mais pontos de contato do que se supunha inicialmente. A meu ver, os suplementos literários nos dois países passaram por inúmeras transformações ao longo de suas histórias e hoje podem ser caracterizados como cadernos de livros que tratam de literatura, dos escritores e do mercado editorial. Não sendo mais um espaço de crítica literária, mas um lugar predominantemente jornalístico com contribuições mais ou menos freqüentes dos acadêmicos.

Como tal estão mergulhados em uma lógica jornalística que define os cadernos a partir do conceito de notícia. Os livros tratados são os livros recém-lançados e este é o primeiro critério de seleção.

Outro critério importante, diz mais respeito à identidade dos produtores e colaboradores dos suplementos. Este grupo está impregnado das ideologias individualistas muito presentes nestas duas sociedades, e dentro desta ótica as subjetividades individuais são privilegiadas. É onde entra a questão do gosto assumido nos discursos como critério fundamental para a escolha das obras e dos temas a serem abordados.

Neste trabalho discuto em que medida os suplementos literários elaboram um conceito de modernidade e são uma representação de vários campos reunidos: literário, jornalístico e editorial. E de que forma essa representação se apresenta como tal e que noção de literatura ela transmite.

No primeiro capítulo, "Suplementos e Leitores", apresento cada um dos suplementos e os seus respectivos jornais, situando-os em termos históricos e em termos de prestígio dentro da sociedade, assim como traço um perfil de seus leitores a partir de pesquisas de opinião realizadas nos dois países. Faço um pequeno resumo do funcionamento de um jornal na atuali-

O Livro no Jornal 17

dade e qual o interesse de produzirem um caderno do gênero. Em seguida, caracterizo o suplemento, avaliando o seu significado, quais as diferenças nos dois países e como eles são a expressão mais marcante da "desliteraturização" da imprensa, como salienta Silviano Santiago (1993). Realizo um pequeno esboço de quem escreve nos suplementos e qual o perfil destes indivíduos, e se podem ser denominados de "intelectuais". Avalio a ausência dos críticos literários dos cadernos e conseqüentemente da própria crítica como era entendida nos anos 40 e 50, por exemplo, como abordou Flora Sussekind (1993). Utilizando os trabalhos dos historiadores da leitura, levanto alguns pontos em torno da questão da leitura e do papel do leitor na França e no Brasil nos anos 90.

A análise propriamente dita de *Les Livres*, *Le Monde des Livres*, *Idéias* e *Mais!* é o tema do segundo capítulo. A partir da seleção de cinqüenta exemplares que considerei mais significativos, realizo um levantamento das questões mais importantes tratadas nos quatro cadernos. Em função dessa avaliação subdividi o capítulo em quatro grandes temas: a defesa do livro e do romance, a questão dos cânones, o lugar do escritor e os eventos do mercado editorial. No primeiro deles estabeleço uma relação estreita entre imprensa e livro e situo os suplementos como defensores do livro, em um primeiro momento e em defensores do romance em seguida. Avalio estes pontos em cada um dos suplementos, destacando suas semelhanças e diferenças. Os cânones são um elemento interessante para se discutir como a imprensa trata a literatura e se ela está preocupada em avançar ou romper com estes padrões já preestabelecidos. E neste sentido, uma investigação sobre o tratamento da imprensa estrangeira em cada um dos cadernos é um exemplo valioso de análise. Nas sociedades letradas a escrita tem um papel importante e seus produtores um lugar especial. Em que medida os escritores têm um lugar de destaque na França e no Brasil e como são abordados pelos cadernos, de que forma os suplementos ajudam a "mitificar" ou a vulgarizar estas figuras. Por fim, trato dos eventos do mercado editorial que recebem muita atenção dos jornais, cada um nas suas especificidades. É um tema intimamente ligado ao campo editorial e à lógica jornalística, já que o centro das matérias não são as obras ou os escritores, mas as feiras, bienais e salões. Comento neste capítulo também o significado da *rentrée littéraire* para o meio cultural francês, e o fato de não existir um evento semelhante, definido nos mesmos moldes no Brasil.

"O Discurso dos Intelectuais" é o título do terceiro e último capítulo da tese. Nele dedico-me à análise do depoimento dos 36 entrevistados nos dois países, tentando entendêlos como um grupo, situando-os em termos de profissão, sexo, escolaridade e origem social, definindo-os como intelectuais nos termos de Gramsci (1978) e Christophe Charle (1990). Pretendo com este capítulo levantar alguns pontos e relacionálos com a análise dos próprios suplementos. Fica claro que as semelhanças na forma de encarar o livro, os suplementos e o mercado editorial são grandes e que as subjetividades pessoais são valorizadas nos discursos. Os depoimentos afirmam uma ênfase no papel do livro na sociedade, debatem sobre a disputa dos jornalistas com os acadêmicos no espaço dos cadernos, discutem o poder de influência junto ao público dos suplementos, assim como confirmam o pertencimento dos cadernos à lógica jornalística, e relativizam o papel das redes de relações na organização dos jornais.

Com este trabalho pretendi lançar alguma luz sobre os estudos dos meios de comunicação de massa, mais particularmente os suplementos literários, encarando-os numa perspectiva multidisciplinar, privilegiando o discurso dos próprios cadernos, como se definem e se apresentam aos seus leitores e como os seus editores, jornalistas e colaboradores se inserem neste campo mesclado. Penso que esta investigação poderá contribuir para o estudo de outros veículos de comunicação, da grande imprensa ou não, assim como para pesquisas outras sobre jornalistas e intelectuais na modernidade.

O Livro no Jornal

1. Suplementos e Leitores

Suplemento literário, caderno de livros ou espaço de resenhas? Se olharmos para trás, para a história da imprensa tanto na França quanto no Brasil, perceberemos o quanto os chamados suplementos literários se transformaram. Visual, forma, tamanho e conteúdo mudaram muito desde os primórdios.

No Brasil esses primórdios remontam a periódicos como o *Jornal do Commercio* com seu *Folhetim*, de 1838, e a uma linguagem muito próxima da literária, para não falar dos livros transcritos em capítulos. Aos poucos a literatura vai diminuindo seu espaço e sua importância nos jornais. Com o século XX a imprensa passa por inúmeras transformações, principalmente a partir da Segunda Guerra Mundial, como salienta Alberto Dines em seu livro *O Papel do Jornal* (1986:26). "Nossos jornais, banhando-se na experiência da objetividade e dependendo diretamente do noticiário telegráfico, apreenderam um novo estilo, seco e forte, que já não tinha qualquer ponto de contato com o beletrismo". A partir de então, a literatura passa a ter menos espaço na imprensa, ficando restrita aos suplementos literários publicados pelos grandes jornais nos anos 50. De lá para cá, eles se tornaram mais raros e menores, sendo considerados um "artigo de luxo" por muitas empresas jornalísticas.

Na França, país de grande tradição cultural, os jornais literários são anteriores à Revolução Francesa, como o *Journal des Savants*, de 1665, fundado por Colbert. Ele tratava dos livros mais importantes, fossem eles literários ou científicos. No século XIX os jornais franceses foram muito influenciados pela vida cultural do país. É neste período que aparece o romance-folhetim, que tanto freqüentou as páginas dos jornais. Muitas obras de H. Balzac, Victor Hugo e George Sand foram divulgadas desta forma. O século XX é marcado pelas duas Guerras Mundiais que também afetaram a imprensa francesa: o número de jornais publicados diminuiu muito, assim como suas tiragens. Nos anos 90 os jornais estão atrás de outras mídias, em termos de preferência do público. As revistas dominam o mercado da imprensa escrita e a televisão, o da imprensa audiovisual. Muitos jornais tiveram um suplemento literário por um curto período e outros nem chegaram a produzi-los.

Hoje o que vemos é uma nova etapa no processo de transformação destes cadernos. Processo esse que está estreitamente ligado às mudanças sofridas pela própria sociedade, pela imprensa e também pelo público leitor. O homem moderno tem pressa, tem pouco tempo, quer receber o máximo de informações no menor tempo possível. É a corrida da sociedade moderna, da vida na cidade, de que fala o sociólogo alemão Georg Simmel (1979:14).

Os relacionamentos e afazeres do metropolitano típico são habitualmente tão variados e complexos que, sem a mais estrita pontualidade nos compromissos e serviços, toda a estrutura se romperia e cairia num caos inextrincável. Acima de tudo, esta necessidade é criada pela agregação de tantas pessoas com interesses tão diferenciados, que devem integrar suas relações e atividades em um organismo altamente complexo. Se todos os relógios de Berlim se pusessem a funcionar em sentidos diferentes, ainda que apenas por uma hora, toda a vida econômica e as comunicações da cidade ficariam transtornadas por longo tempo.

Nesse sentido o jornal e o jornalista seriam a expressão deste novo estilo de vida. Vai longe o tempo em que o próprio texto de jornal estava mais próximo da literatura e de um leitor mais dedicado e menos apressado.

Em minha dissertação de mestrado sobre os jornalistas (Travancas, 1991:199) pude perceber o quanto o Ocidente como um todo e a nossa sociedade em particular estão imersos em ideologias individualistas, e poderia afirmar que a sociedade francesa também está. Essas ideologias têm sido a tendência dominante nas sociedades modernas e Simmel (1971:22) sub-dividiu-as em dois tipos diferentes, cada um deles ligado a um momento histórico. Assim, o individualismo quantitativo, referente ao século XVIII, se definiria a partir da idéia de livre competição e enfatizaria a igualdade entre os homens. Já o individualismo qualitativo, elaborado para o século XIX, valorizaria o aspecto original e único de cada personalidade individual. Hoje não se pode entender estas duas vertentes como pontos estanques, pois elas expressam uma tensão entre modalidades de individualismo. E as cidades, em especial as grandes metrópoles, serão locais privilegiados de manifestação desta tensão. Ainda que seja importante ressaltar que da mesma forma que há individualismos distintos, há também graus e níveis diversos, não é possível afirmar de forma categórica que a sociedade brasileira, como um todo, seja individualista. Mas existem camadas e setores impregnados desta ideologia. Da mesma maneira não se pode afirmar que a sociedade brasileira seja relacional e funcione dentro desta lógica, nos termos de Roberto Da Matta (1987:89). Para o antropólogo, o Brasil é um país marcado pelas relações pessoais. Elas são fundamentais, definem identidades e organizam a vida social em muitos aspectos.

> Não se acredita que a sociedade brasileira seja um sistema marcado por redes de relações pessoais que atuam de modo altamente formalizado e de modo instrumental, sem qualquer referência diretamente ligada à posição econômica ou à convicção ideológica [...]. Que elas (as redes de relações) sejam instrumentos conscientes e positivamente valorizados de navegação ou estratégia social –, eu penso que é um fenômeno de sociedades onde convivem éticas diferenciadas.

Veremos também em que medida um país tão diferente como a França lida com esta questão e de que jeito ela está expressa nos suplementos literários. Se as redes de relações pessoais têm espaço e influência, ou não, dentro do universo jornalístico e literário.

Os jornalistas seriam portadores de uma ideologia individualista, apresentando uma postura *blasée* diante dos fatos da vida e buscando, através da profissão, ocupar um lugar destacado na sociedade. Ao pesquisar sociedades complexas impregnadas de ideologias individualistas, Gilberto Velho (1987:50) ressalta que não há apenas um tipo de individualismo, mas vários. E a metrópole, com sua enorme fragmentação, será um espaço de atuação e desempenho dos diferentes papéis sociais. É importante destacar que as ideologias individualistas atuam nos vários lados dessa "moeda" que são os suplementos, tanto entre os jornalistas como junto ao público leitor. Este último quer encontrar os seus interesses, os "seus" autores prediletos nestes cadernos, para que possa se satisfazer e se reconhecer naquelas páginas.

O jornalismo, como ocupação própria da sociedade moderna, exerce uma grande atração para muitos indivíduos, seja pelo seu papel social, seja por ele ser visto como um instrumento de obtenção de poder e sucesso. E o envolvimento desses indivíduos com a profissão é imenso. Eles vivem o que denominei "adesão" (Travancas:1993). Ou seja, a profissão passa a ocupar um enorme espaço em suas vidas e se torna o elemento fundamental para a construção da identidade dessas pessoas. E a escolha desse papel como o principal em suas vidas vai gerar um "estilo de vida" e uma "visão de mundo" particulares, de acordo com Gilberto Velho (1987:105-109). A percepção da sociedade e sua compreensão, assim como a maneira de viver, vão estar profundamente influenciadas pela profissão. Não apenas em termos práticos, mas no aspecto existencial e simbólico.

Creio que é possível fazer uma leitura dos cadernos literários como resultado dessa visão de mundo, o que explica as

O Livro no Jornal

semelhanças. Não são determinações rígidas ou externas aos indivíduos, mas uma maneira particular de ver o mundo. É como se o mundo pudesse ser lido e compreendido dentro das páginas de um jornal, ou a partir delas, o que me lembra o depoimento de um jornalista "imbuído" de sua profissão que não conseguia ouvir uma história sem pensar se ela daria uma boa matéria jornalística... Assim, não me surpreende que dois suplementos, ao abordarem um mesmo tema, possam ser tão semelhantes. A origem da semelhança, a meu ver, estaria nessa "visão de mundo" comum aos que produzem os cadernos. O que também remete ao depoimento da assessora de imprensa de uma editora que havia trabalhado muito tempo em redação de jornal. Ela relatava que esse fato tinha sido muito importante na decisão de seu chefe em contratá-la. Com isso, ele afirmava não apenas acreditar na sua capacidade de divulgação de um livro na imprensa, mas no fato de saber como os jornalistas "pensam", de que tipo de livro eles gostam.

As empresas jornalísticas não têm mais o aspecto amador nas suas estruturas e nem o literário em seus textos. Durante um largo período de tempo que abrange desde o século XVIII (no caso da França) até o XX as imprensas brasileira e francesa poderiam ser caracterizadas como "literárias". Os jornais anteriormente mais políticos e polêmicos se tornaram literários e mundanos, contando com a presença de inúmeros escritores em suas páginas. Esta fase foi caracterizada como literária por três fatores: pelos jornais publicarem com freqüência em suas páginas romances e folhetins[1]; por apresentarem um

---

1. Segundo Pina Coco (1990:11), entende-se folhetim como "um espaço tipográfico à parte do corpo do jornal, correspondendo a uma rubrica regular, de conteúdo resenhístico ou ficcional".
A expressão francesa "roman-feuilleton" vai corresponder em português ao termo "novela" (no caso específico do rádio e da televisão) cujos capítulos são publicados regularmente em um jornal. Fato freqüente nos séculos XIX e meados do XX. Por fim, o sentido de "folhetim" como história com inúmeros personagens, cujo sinônimo é "romance barato", "romance de empregada", ligado a leitores de camadas mais populares.

estilo de texto sem a objetividade e concisão marcantes do jornalismo do século XX, e por estimularem e divulgarem a produção literária da época.

Atualmente, um grande jornal é uma empresa que produz milhares de exemplares, com estrutura organizacional bem planejada e administrada, e com muitos funcionários em diferentes áreas de atuação. Cerca de três mil funcionários trabalham em um jornal de grande porte, que chega a dispor de cerca de quinhentos jornalistas em sua redação.

O "coração" de um jornal é a redação. É nela que são produzidas as notícias, mercadoria vendida pelo jornal e sua razão de ser. Por sua vez a redação se divide em editorias. As editorias são os setores do jornal. Em geral, um grande jornal tem cerca de dez editorias diferentes compostas por repórteres, redatores, diagramadores, editores, subeditores e chefes de reportagem. Os temas são basicamente: política, internacional, o país, cidade, economia, turismo, cultura, mulher, TV e livros. Nem sempre uma editoria possui um caderno só para si, e nem sempre engloba todas as categorias da redação, podendo ser formada apenas por um editor e um repórter.

Esta divisão em editorias aponta para uma topografia do conhecimento, onde os diferentes saberes são distribuídos em áreas estanques e distintas fisicamente. Separação essa que busca ser uma expressão da realidade, como se a vida pudesse ser e fosse compartimentada em seções. Da mesma forma é interessante perceber as fronteiras entre as editorias e o que é considerado como pertencente a uma e não a outra. A própria questão dos livros e da literatura. Quando o jornal possui um suplemento literário, é para lá que vão os livros noticiados, este é quase sempre o seu destino. Mas há livros e livros. Um livro de economia, de um ministro, por exemplo, pode merecer nota ou uma pequena reportagem na editoria afim – economia ou negócios –, como costuma ser designada na imprensa. Um lançamento editorial de maior envergadura, de escritor estrangeiro ilustre e que tenha vindo ao Brasil para divulgar a obra por exemplo, pode merecer uma matéria grande no caderno

O Livro no Jornal

cultural. Isso ocorre com freqüência nos jornais brasileiros e franceses. Assim, os suplementos se tornam, por um lado, o lugar privilegiado de expressão do livro, – atingindo um público específico e segmentado, um público considerado leitor em potencial dos livros ou "já leitor" –, e por outro o instrumento de transmissão de uma noção particular da literatura e do livro de um modo geral.

Gostaria de comentar também a importância das páginas ímpares dentro de um jornal. Elas são as páginas "nobres" do veículo. Em relação aos anúncios, eles custam mais caro se publicados nestas páginas. E as matérias nelas apresentadas são priorizadas, porque mais lidas. O que se percebe é que há uma preponderância do lado direito sobre o esquerdo na imprensa, assim como o há na própria sociedade, como salientou Robert Hertz (1969:100).

De acordo com Hertz, as duas mãos têm funções e significados distintos, ainda que a razão e a origem desta diferença não seja dada *a priori*. As representações intelectuais e morais de esquerda e direita são categorias e como tal estão relacionadas com o pensamento social. Por isso a prevalência, na nossa sociedade e em sua imprensa, do lado direito sobre o esquerdo.

Acho interessante destacar a construção da realidade que é feita pelo "mundo do jornal". Ou seja, para um jornalista a vida será pautada, dividida e compreendida a partir dessa divisão. Divisão que na realidade é fruto de uma necessidade do homem de classificar, e que já foi apontada por inúmeros antropólogos. Classificar para compreender e também reorganizar. É inevitável lembrar do trabalho de E. Durkheim e M. Mauss (1981:403) sobre o sistema de classificação dos homens. Para os dois pensadores franceses essa é uma necessidade básica do homem. É a forma de transformar o real em dimensões inteligíveis.

Classificar não é apenas constituir grupos: é dispor estes grupos segundo relações muito especiais. Nós os representamos como coordenados ou subordinados uns aos outros, dizemos que estes (as espécies) estão incluídos naqueles (os gêneros), que os segundos agrupam os primeiros. [...] Toda classificação implica uma ordem hierárquica da qual nem o mundo sensível nem nossa consciência nos ofereceu um modelo. Deve-se, pois, perguntar onde fomos procurá-lo.

Assim, se percebe que tanto a natureza em um primeiro momento, como mais tarde a própria sociedade não são "coisas" dadas *a priori*, são construções do pensamento. Nós damos sentido e significação a elas.

Berger e Luckmann (1973:174) em sua obra sobre a construção social da realidade destacam este aspecto da representação, que é transmitida aos membros de uma sociedade através de diferentes maneiras. A mais geral delas é a chamada socialização, onde ocorre a apreensão do mundo como realidade social dotada de sentido. Esta apreensão começa quando o indivíduo incorpora os significados produzidos pela sociedade na qual vive.

Ou seja, compreender a nossa sociedade e como ela funciona. Isso nos é ensinado aos poucos, através da educação, da vida social. E o jornal é um instrumento de comunicação e também de representação. A representação que os jornais fazem da realidade é uma construção sobre essa mesma realidade. E um dos pilares desta construção é a criação e a organização da vida em "editorias e seções", e conseqüentemente em hierarquias. Um jornalista sabe muito bem que ser repórter de cidade ou geral não significa o máximo de prestígio. Da mesma forma que há nuances entre as próprias categorias. Muitas vezes ser repórter internacional (correspondente) significa mais prestígio e notoriedade do que ser chefe de reportagem de economia.

Os Quatro Escolhidos

No Brasil a escolha recaiu sobre os jornais *Folha de S. Paulo* e *Jornal do Brasil*, pelo fato de serem dois dos maiores jornais brasileiros que possuíam no início desta pesquisa

O LIVRO NO JORNAL   29

um suplemento literário. Na época *O Globo* não havia ainda criado o seu caderno *Prosa e Verso*, *O Dia* não tem um suplemento e o *Estado de S. Paulo* não possui um suplemento propriamente dito, mas uma grande seção de livros. A escolha se deveu ainda por considerar importante fazer uma análise com jornais das duas maiores cidades brasileiras, percebendo suas especificidades expressas nos cadernos de livros.

Na França decidi por *Le Monde* e *Libération* por serem também dois grandes jornais que publicam suplementos literários. Ao lado disso, o fato de tanto os jornais como os próprios suplementos formarem um contraponto. São veículos muito diferentes, opostos mesmos, o que me possibilitaria uma visão mais rica da própria imprensa francesa, assim como do tratamento dado ao livro e ao mercado editorial.

Jornal do Brasil

O *Jornal do Brasil* é ainda hoje um marco da imprensa brasileira. Com mais de 100 anos de existência, é um jornal que nasceu voltado para as questões políticas do país e sempre contou com intelectuais e escritores escrevendo em suas páginas. A reforma editorial que realizou nos anos 50 revolucionou a imprensa brasileira. Mudou sua "cara" completamente, inovando na organização do espaço e sendo copiado por outros jornais posteriormente. Foi ele também quem criou em 1956 o "Suplemento Dominical", um espaço dedicado à arte e à literatura e onde muitas vanguardas se expressaram. O caderno *Idéias* foi publicado pela primeira vez em outubro de 1986, em formato tablóide e tratava de ensaios e de literatura. O próprio *Jornal do Brasil* (texto impresso s.d.) ao se referir ao *Idéias* declara:

> *Idéias* dirigiu o seu esforço para tratar de eventos ligados ao pensamento e à criação artística de forma jornalística, isto é, de forma clara e democrática – sem engajamento ou preconceito ideológico. Um princípio o norteia: o que, quanto mais densa a idéia, mais clara deve ser a sua expressão – até porque a profundidade de uma idéia nada tem a ver com a profundidade de um poço. Foge da linguagem elitista e inacessível ao leitor para funcionar como uma ponte entre o mundo intelectual. [...] Uma viagem à coleção de

30 ISABEL TRAVANCAS

Idéias pode fornecer um diagrama do que se escreveu, se discutiu e se pensou de outubro de 1986 até hoje. De lá para cá, *Idéias* procurou acompanhar os principais lançamentos editoriais do país, tentou captar as novas tendências culturais, provocou polêmicas, desagradou a alguns e, a julgar pela sensação geral (confirmada pelas pesquisas), satisfez a muitos. Nada do que ocorreu no plano das idéias lhe foi indiferente. Mais de 2 mil livros foram resenhados, o mesmo número de leitores foram ouvidos sobre suas preferências e recomendações literárias. E umas duas centenas de nomes novos foram divulgados.

Este texto é como o próprio jornal apresenta e explica o seu suplemento: a ênfase no aspecto político, a importância da linguagem clara e tomá-lo como um "diagrama" do que se escreveu e se discutiu no país. Ao mesmo tempo não aparece o termo literatura. O que o *JB* está destacando são os livros e as idéias. Ao entrarmos no universo dos suplementos e suas temáticas, avaliaremos em que medida as afirmações do próprio jornal são um desejo ou uma realidade.

Folha de S. Paulo

A *Folha de S. Paulo* nasceu em 1921 com outro nome: *Folha da Noite*. Ao longo de sua história pertenceu a grupos diferentes de empresários, apresentando políticas editoriais variadas. Hoje é um veículo de grande tiragem, resultado da reunião, em 1960, das três *Folhas: da Manhã, da Tarde* e *da Noite*. Ele disputa com o *Estado de S. Paulo* o primeiro lugar entre os leitores paulistas, tem grande prestígio entre a intelectualidade e investe em projetos ousados, estando em constante reformulação. Segundo seu próprio manual, seu lema é "um jornal a serviço do Brasil". Em relação ao seu suplemento, o *Manual da Folha* informa ser ele um *plus* para o leitor, destina-se a um público intelectualizado e deve ter como meta ser leitura obrigatória entre o público universitário e o leitor mais sofisticado (*Manual*,1984:80). O atual suplemento literário do jornal é o caderno *Mais!*, que é fruto de inúmeras transformações. Nos anos 80 a *Folha* editava o tablóide *Folhetim*, que incluía resenhas de livros, publicação de contos e poesia, além

O LIVRO NO JORNAL   31

de ensaios ligados não apenas à literatura, mas à arte e às ciências sociais e humanas. Ele circulava dentro do jornal de domingo. Ainda nos anos 80 o *Folhetim* acabou e a *Folha* criou o caderno *Letras*, que saía aos sábados, incluía reportagens e resenhas, e possuía um perfil mais restrito ao campo literário e não ao artístico e acadêmico. Em 1992 a *Folha* reuniu vários cadernos e editorias em um – o *Mais!* –, que é publicado aos domingos. Nele estão agrupados o caderno cultural, intitulado *Ilustrada*, a editoria de ciência e a de livros, em formato *standard*.

Le Monde

Le Monde é o jornal francês de maior prestígio internacional. Variedade de informações e articulistas respeitados, além de uma postura política "independente" fazem a essência de um jornal de estilo sóbrio, até bem pouco tempo sem fotografias, cor e com pouca publicidade. Fundado em 1944 por Hubert Beuve-Méry, *Le Monde* veio ocupar um vazio na imprensa do pós-guerra e se tornou o representante da família democrata-cristã. Sua estrutura interna é bem diferente da maioria das empresas jornalísticas, com seus redatores possuindo 40% do capital. Seu formato ainda difere dos outros veículos da imprensa francesa pelo parco uso de fotos e por oferecer textos extensos e analíticos. Ele tem ainda uma particularidade: circula à tarde. Hoje *Le Monde* possui um lugar estável e de destaque dentro da imprensa, apesar das diversas crises financeiras por que passou, e desempenha um papel importante junto à intelectualidade e à classe política. Pierre Bourdieu (1997:60), em seu ensaio sobre o campo jornalístico na França, comenta o papel do jornal:

> Pode-se dizer que, no universo do jornalismo escrito, *Le Monde* ditava a lei. Havia já um campo, com a oposição, estabelecida por todos os historiadores do jornalismo, entre os jornais que dão *news*, notícias, variedades, e os jornais que dão *views*, pontos de vista, análises etc., entre os jornais de grande tiragem, como o *France Soir* e os jornais de tiragem relativamente mais restrita mas dotados de uma autoridade semi-oficial. *Le Monde* estava bem situado sob os dois aspectos: era suficientemente grande por sua tiragem para

32 ISABEL TRAVANCAS

ser um poder do ponto de vista dos anunciantes e suficientemente dotado de capital simbólico para ser uma autoridade. Acumulava os dois fatores do poder desse campo.

Le Monde reinava e ainda reina, e possui o melhor dos dois mundos. Como dizem os franceses, uma matéria no *Le Monde* sobre alguma questão política pode influenciar os dirigentes do país, da mesma forma que, segundo pesquisas do Instituto EUROPQN uma resenha no *Le Monde* é 50% mais eficaz sobre as vendas do que se publicada em outro órgão de imprensa. Isso porque o jornal conseguiu estabelecer uma imagem de respeito e credibilidade junto à opinião pública. Um exemplo desta influência é citado por Jean-Noel Jeanneney em *Une histoire des médias* (1996:227). Trata-se de um trecho do diálogo entre o então presidente da França, Charles De Gaulle, e o diretor do jornal, H. Beuve-Méry. O presidente dizia: "Ah! *Le Monde*, eu vejo o talento, o sucesso, a tiragem. A gente lê. Eu leio e me divirto muito. Vocês sabem de coisas! São muito divertidos os jornais".

Durante o movimento estudantil de maio de 1968, o jornal foi envolvido pelos acontecimentos até o momento em que dá uma "virada", muda completamente e assume uma postura mais crítica em relação ao tema. Ele deixa de apoiar o movimento, o que fica claro com a publicação do artigo que ficou famoso de Bertrand Girod de L'Ain intitulado "Le bateau ivre" (Jeanneney, 1996:227) numa referência ao poema de A. Rimbaud (1963) de mesmo título. O movimento estudantil estaria à deriva e o texto era bastante contundente.

Atualmente o jornal edita todo mês *Le Monde Diplomatique*, e *Le Monde de l'éducation*, semanalmente um caderno de TV, e às sextas-feiras o suplemento literário *Le Monde des Livres*, que inclui resenhas e debates, desde quando foi criado em fevereiro de 1967. O jornal decidiu lançar o caderno a partir de uma pesquisa feita entre os leitores, realizada em 1966, em que estes afirmavam que os artigos de sua preferência eram os de cultura. Inicialmente era publicado às quartas-feiras, passando a circular às quintas-feiras a partir de

O Livro no Jornal   33

outubro de 1970. É a própria redação do jornal quem explica seu suplemento no exemplar de 20 de março de 1992.

Le Monde des Livres é antes de tudo *Le Monde*. Isto é, um instrumento de informação. Não é de forma alguma uma revista literária no interior de um cotidiano. [...] Eis por que, diferente de outros suplementos literários, sempre julgou que sua vocação era ser o mais completo possível, prestando um serviço ao leitor; permitindo-lhe que encontre seu caminho... [...].

E a redação assume uma postura de defesa do livro como lema do caderno.

A exigência não é se opor sistematicamente às reputações, aos sucessos, aos rumores. É antes ter sobre cada livro, do mais público ao mais secreto, um olhar livre. Para que o livro não se torne um objeto em vias de desaparecimento. Para que a leitura permaneça alguma coisa além de uma simples "prática cultural".

Le Monde des Livres sofreu algumas modificações ao longo destes trinta anos, principalmente na sua programação visual, hoje mais limpa, com novo logotipo, espaço para fotos e textos mais "arejados".

Libération

Bem mais recente – nascido em 1973 – o jornal *Libération* se apresentou ao leitor, na ocasião, como um jornal para o povo, tendo o intelectual Jean-Paul Sartre como um de seus diretores. O jornal foi criado a partir de um fundo de doações, sem anúncios e com uma posição política declaradamente de esquerda. Dirigido por um grupo de maoístas "herdeiros" do espírito revolucionário de maio de 1968, conseguiu conquistar o público. Ao longo desses anos, enfrentou desafios financeiros e editoriais, passou a incluir a publicidade em suas páginas e manteve uma atitude política de esquerda. Tablóide e matutino, com um projeto editorial ousado, tanto em termos políticos, como visuais e estilísticos, *Libération* já sofreu diversas reformas. Desde 1988, publica um suplemento literário que foi apresentado a seus leitores através de seguinte chamada na primeira página da edição de 11 de fevereiro de 1988:

Todas as quintas-feiras, a partir de hoje, *Libération* estará enriquecido com um caderno especial dedicado à atualidade dos livros. No sumário deste primeiro número, o português Miguel Torga, Michel Leiris, John Updike, Edward P. Thompson, Louise Michel e Heidegger... e mais.

Na verdade é um caderno dentro do jornal, circulando às quintas-feiras, intitulado *Les Livres*. Um suplemento que valoriza a literatura estrangeira – o primeiro número é um exemplo disso –, abre espaço para reportagens sobre escritores e sobre o mercado editorial francês, com um projeto visual que utiliza cores, tipos de letras diferentes e um texto mais informal. O jornal se afastou da idéia que professava no início (Samuelson, 1979:149): "*Libération* será o olho do povo sobre a organização da sociedade civil".

Ele é hoje uma empresa e como tal visa o lucro, mas não perdeu sua jovialidade nem suas páginas com caricaturas e desenhos, utilizando uma linguagem que faz jogos de palavras e brinca com seu sentido em títulos e manchetes de forma pouco usual na grande imprensa.

Perfil do Leitor

Além de um breve perfil histórico dos quatro órgãos escolhidos, acho pertinente esboçar um perfil do leitor de cada um deles. Se são leitores muito diferentes em termos de escolaridade e classe social ou não, e se há distinções visíveis entre o público dos jornais franceses e dos brasileiros.

Segundo os dados do IBOPE, de 1996, pode-se ter uma idéia de quem são os leitores da *Folha de S. Paulo* e do *Jornal do Brasil*. O *JB* tem cerca de 180 mil leitores no sábado, dia em que é publicado o caderno *Idéias* e é o terceiro jornal em circulação no Rio de Janeiro, estando atrás de *O Globo* e *O Dia*: 45% de seus leitores residem na zona sul do Rio e 77% são das classes A e B; 35% de seus leitores têm mais de 50 anos, 28% de 25 a 39 anos, 16% de 15 a 24 anos e 19% de 40 a 49 anos; 58% de seus leitores têm curso superior completo,

O Livro no Jornal   35

34% ginásio completo. É preciso ressaltar que apenas 8,6% da população do Rio de Janeiro tem curso superior completo. E segundo o instituto, 89% dos leitores do jornal lêem os suplementos nele inseridos. Mas nesta sigla "suplementos" estão incluídos os mais variados cadernos como: *Idéias, Carro, Casa e Decoração, Mulher, Informática, Revista de Domingo, Revista Programa, Caderno de Viagem* e *Revista Super TV.*

Estimado em mais de 600 mil leitores no domingo, dia em que a *Folha* publica o *Mais!*, 25% dos leitores têm de 15 a 24 anos, 35% de 25 a 39 anos, 14% de 40 a 49 anos e 17% mais de 50 anos; 24% de seus leitores tem curso superior completo e 52% ginásio completo. A porcentagem da população da cidade de São Paulo que tem curso superior completo é de 7,8%. O jornal disputa com o *Estado de S. Paulo* o título de maior jornal da cidade. Hoje ele passou na frente do concorrente em número de exemplares vendidos. A pesquisa não apresenta dados específicos sobre o *Mais!*, informa apenas que 89% dos leitores do jornal lêem os suplementos. São eles: *Mais!, Folhinha, TV, Informática, Agropecuária, Veículos* e *Viagens.*

Para os jornais franceses, a fonte de informações foi o Instituto EUROPQN com dados de 1995. *Le Monde* tem cerca de 2,208 milhões de leitores e *Libération* 1,063 milhão de leitores. A informação é genérica e não precisa os dias da semana. *Libération* tem 15,7% de seus leitores com idade variando de 15 a 24 anos, 22,1% de 25 a 34 anos, 39,6% de 35 a 49 anos, 15,1% de 50 a 64 anos e 7,5% de 65 anos ou mais. Em relação ao nível de instrução, 56,5% de seus leitores têm curso superior, 26,4% têm secundário, 11,5% nível técnico-profissional e 5,6% nível primário ou abaixo. E 44% de seu público reside na Ile de France (grande Paris) enquanto 55% está no interior.

Le Monde tem 21,3% dos seus leitores na faixa de 15 a 24 anos, 14,8% com de 25 a 34 anos, 30,9% de 35 a 49 anos, 19,6% de 50 a 64 anos e 13,5% com 65 anos ou mais. Em relação ao nível de instrução: 57,2% de seus leitores têm curso superior, 24,6% secundário, 11,7% técnico-profissional e 6,4%

36 ISABEL TRAVANCAS

tem nível primário ou abaixo. Em relação à população francesa, 23,4% dela tem curso superior. Em relação à residência, 61,2% de seus leitores estão no interior e 39,8% na Ile de France.

Os Suplementos

Todos os suplementos estão submetidos às regras básicas do jornalismo: clareza, objetividade e concisão (Rossi, 1980). Mas cada um dos quatro selecionados vai dar o seu tom a essa "mistura" de conceitos. Estão sujeitos à influência do tempo e também à questão da novidade, como se eles definissem suas especificidades de cadernos de livros e suplementos literários, mas não negassem a sua situação de parte de um jornal diário, que vive da busca e da redação da notícia. Esta notícia, por sua vez, é definida de diferentes maneiras. Para Sodré (1982:7) "notícia é todo fato social destacado em função de sua atualidade, interesse e comunicabilidade". Já para Mac Lage, (1982:36), notícia designa "uma compilação de fatos e eventos de interesse ou importância para os leitores do jornal que a publica". Ainda para Amaral (Lage, 1982:36), notícia é "a informação atual, verdadeira, carregada de interesse humano e capaz de despertar a atenção e curiosidade de grande número de pessoas". De acordo com o dicionário de Aurélio Buarque de Holanda (1980:979), ela é algo tão abrangente quanto as palavras "informação" ou "conhecimento", embora se ressalte a característica da novidade. Essas diferentes definições apontam para a complexidade do conceito.

Os suplementos literários transmitem uma idéia de livro e de literatura e significam prestígio para os jornais e *status* para quem trabalha neles. São freqüentes os casos de suplementos literários deficitários, cuja receita de publicidade não chega a cobrir o seu custo. Mas a relação custo-benefício para um jornal, assim como para uma sociedade, não se mede apenas pelo seu valor financeiro. É como se o jornal se valorizasse na valorização do seu leitor.

O nome escolhido para os quatro suplementos merece um comentário. Os franceses enfatizam o seu perfil de cadernos de livros em seus títulos: *Les Livres* e *Le Monde des Livres*. O primeiro mais sintético e o segundo apontando para um grande espectro – o mundo e estabelecendo um elo com o próprio nome do jornal a que pertence: *Le Monde*. Os cadernos brasileiros, ao contrário, parecem "fugir" das palavras livro e literatura, escolhendo outras mais amplas como *Idéias* e *Mais!* O caderno do *Jornal do Brasil* se pretende um espaço de discussão sobre idéias e livros, como deixa claro no texto em que o apresenta, já citado anteriormente. Desde sua criação o *Idéias* mudou muito e hoje não pode ser considerado prioritariamente um caderno de debate, de idéias, mas de livros. Entretanto o nome permaneceu. O *Mais!* é fruto de uma junção das editorias de livros, cultura e ciência e a escolha deste advérbio parece reforçar a idéia de soma de setores, ao mesmo tempo em que não situa o leitor ou apresenta o caderno, já que o título é vago e não delimita um caderno de livros, nem de ciência ou de cultura. Posso supor que nesta opção de retirar de seus nomes a palavra "livro", há uma tentativa de conquistar leitores que normalmente não leriam estes cadernos.

Um outro dado interessante para ser investigado é a escolha do dia da semana para a publicação dos cadernos nos dois países. Os suplementos dos jornais franceses saem às quintas-feiras e os dos brasileiros nos fins de semana (*Idéias* no sábado e *Mais!* no domingo). Isso faz pensar no critério para essas determinações de dias e em que medida isso equaciona a discussão tempo e leitura. Quinta-feira é um dia de semana comum, mais perto do fim de semana, tempo associado ao trabalho e não ao lazer. Os suplementos franceses circulam nestes dias há muito tempo. O do jornal *Libération*, desde sua criação, e o do jornal *Le Monde*, há quase vinte anos. Inicialmente ele circulava às terças-feiras, depois às sextas-feiras. É preciso ressaltar que *Le Monde* é um jornal vespertino, que começa a ser vendido a partir das 14 horas, com data do dia seguinte. Quando afirmo que ele sai na quinta-feira[2], me refiro ao dia em que é publicado. Esse dia da semana escolhido implica se poder afirmar que, diferentemente dos jornais brasileiros, os franceses inserem estes cadernos na rotina do trabalho e do estudo. Ao contrário do que acontece com o *Idéias* e o *Mais!* Estes privilegiam uma leitura mais descompromissada com o tempo e a relacionam ao lazer e ao ócio. Como bem salientou Silviano Santiago (1993:14) em seu artigo sobre a crítica literária nos jornais.

Vale a pena deter-se um minuto na lógica do "suplemento". Complemento é a parte de um todo, o todo está incompleto se falta o complemento. Suplemento é algo que se acrescenta a um todo. Portanto, sem o suplemento ele apenas ficou privado de algo a mais. A literatura (contos, poemas, ensaio, crítica) passou a ser esse algo a mais que fortalece semanalmente os jornais através de matérias de peso, imaginosas, opinativas, críticas, tentando motivar o leitor apressado dos dias da semana a preencher o lazer do *weekend* de maneira inteligente. O suplemento tem também a sua raiz fincada no emprego do tempo burguês: a notícia que transmite a ação ocupa o burguês durante os dias de trabalho, enquanto a matéria literária que reclama o tempo da contemplação o envolve durante os dias de lazer.

Vale notar como é distinta a relação do tempo na França e no Brasil. Os dois são países ocidentais, organizam e dividem o seu tempo de maneira equivalente: anos, meses, semanas, dias e horas. Por outro lado, a percepção do tempo, em relação aos suplementos é diferente. Curioso até quando encontramos textos franceses sobre a imprensa e os suplementos que afirmam o contrário do que se pratica naquele país como escolha de dia da semana para circulação dos suplementos (*CPJ*, 1981, n. 39, p. 1).

A idéia dos suplementos nos finais de semana aconteceu, tanto da França quanto na Inglaterra, com a generalização da semana de cinco dias. O sábado não sendo mais um dia de trabalho e sim um dia de descanso e de leitura, convinha adicionar ao cardápio de informação cotidiana alguns pratos

---

2. Até os anos 70 na França, quinta-feira era o dia da folga escolar, e este dado pode ter influenciado na escolha do dia de veiculação dos cadernos literários.

O Livro no Jornal

ao mesmo tempo temperados e mais completos destinados a mostrar ao leitor que seu jornal descansava com ele e, como ele, tirava um tempo para o lazer e a reflexão.

Josyane Savigneau, editora do *Le Monde des Livres*, estranhou a idéia de os suplementos dos jornais brasileiros circularem no fim de semana. Na França, a seu ver, isso seria impensável. As pessoas viajam, vão para o campo, vão ao cinema, não compram jornal nesses dias. São dias fracos em termos de venda de exemplares, ao contrário do que acontece no Brasil, quando o domingo é o dia mais forte. E ela ressaltou ainda um fato que lhe permite assegurar a importância desse suplemento: o dia em que ele circula é o de maior venda do jornal na semana. Mas isso, na sua opinião, só poderia ser colocado à prova se o caderno fosse retirado do seu dia e publicado em outro, o que evidentemente nunca foi feito. Em relação ao *Libération* acontece o mesmo, o dia da publicação de seu caderno de livros é o de maior venda. Esses dados apontam para o interesse e a importância destes cadernos para o jornal. Lá eles provocam venda, aqui eles são produzidos em dias de maior venda e vão a reboque.

Quem Escreve nos Suplementos?

Em geral, há um grande número de jornalistas. Os que são fixos dos cadernos, os colaboradores do próprio jornal ou de outros veículos da imprensa. E também estão presentes os intelectuais. Intelectuais no mais amplo sentido da palavra. Professores, universitários, acadêmicos, escritores, cientistas sociais, filósofos, psicanalistas, artistas plásticos e até políticos. Para Lipset (1959:486), os intelectuais podem se dividir em dois níveis: o primeiro, de criadores de cultura, que abarca artistas, filósofos autores e alguns jornalistas; e o segundo, de distribuidores de cultura que inclui produtores de arte, professores e a maior parte dos jornalistas.

O que percebemos é um grande conjunto de esferas diferentes incluídas nesta noção de intelectual. Desde jornalistas, artistas até professores que fariam a chamada "divulgação da cultura". Em relação aos quatro suplementos aqui analisados, vemos que eles abarcam os dois níveis diferentes. Tanto no sentido da produção e da distribuição da cultura como em relação às categorias profissionais incluídas. Ambos fazem parte tanto dos consultores e colaboradores fixos como dos eventuais. Podemos notar algumas diferenças em relação ao que foi pesquisado nos anos 50. Alzira Abreu destaca o papel dos escritores nos suplementos e de como esta carreira era valorizada na época. Acho que ela ainda tem prestígio, particularmente na França, mas por outro lado os escritores não são maioria nos cadernos de livros. Eles dividem a cena com jornalistas, cientistas sociais, historiadores, filósofos, entre outros.

Creio que seria interessante lançar mão da pesquisa do historiador francês Christophe Charle (1990) sobre o nascimento dos intelectuais na França. Para ele, esta categoria teria nascido com o "affaire Dreyfus" e o conceito designava uma camada progressista, política e culturalmente, que desafiava o Estado. Depois de todo o processo, o termo não desapareceu e passou a identificar um grupo social que se definia por uma visão do mundo social particular, baseada em valores universais. Um outro dado relevante é o fato de que os intelectuais do mundo literário e universitário se aproximaram das *avantgardes* políticas e passaram a intervir e influenciar o campo do poder, do qual o movimento estudantil de maio de 1968 é um forte exemplo.

Os quatro suplementos têm um vínculo estreito com a intelectualidade de seus países ou cidades, mas em relação ao movimento político de 1968 é o *Libération* que possui uma relação mais visceral. O jornal contou com a participação de um dos intelectuais de esquerda mais influentes na França, na segunda metade do século, que foi Jean-Paul Sartre. O jornal nasceu da prática dos intelectuais, que decidiram "meter a mão na massa" e participar da imprensa criando seu próprio veículo. O jornal existe há quase trinta anos, sofreu diversas crises, se transformou permanecendo fiel aos seus princípios funda-

O Livro no Jornal 41

mentais, e conta com a presença eventual de intelectuais do meio universitário e acadêmico em suas páginas.

Entretanto, vale lembrar que, apesar da presença expressiva de intelectuais de fora da imprensa nas páginas dos quatro jornais, a grande maioria das resenhas, artigos e reportagens é assinada por jornalistas da redação dos cadernos. O que aponta para a discussão sobre a qualidade do texto do especialista e o embate entre jornalistas e acadêmicos, sobre o qual Flora Sussekind comentou em relação aos anos 80 (1993:32). A seu ver, cresceu o poder do não-especialista e deverá ocorrer um "duelo" entre jornalistas e *scholars*. Esta polêmica será mais bem investigada na análise dos depoimentos dos entrevistados que discorrem sobre o tema.

Os suplementos brasileiros sempre identificam o autor das resenhas, dando uma informação pequena sobre quem está escrevendo. O mesmo não acontece nos jornais franceses, onde o leitor que não domina aquele universo, desconhecendo o autor do artigo, continuará sem saber qual sua profissão ou especialidade, além de ter uma dificuldade maior de estabelecer uma relação entre o resenhista e o livro resenhado. Considero importante para este trabalho desvendar as teias de relações desses autores. Os cadernos formam redes de sociabilidade que na maioria das vezes se organizam e estruturam a partir da figura do editor e de sua equipe fixa. O único jornal que parece ter mais do que um conjunto de colaboradores eventuais, dos quais lança mão quando necessário, é *Le Monde des Livres*. Sua editora afirmou ter um grupo de consultores de diversas áreas que se reúne mensalmente e tem grande poder de influência no caderno. Eles sugerem temas e títulos a serem tratados, muitas vezes escrevem as resenhas ou indicam outros nomes. Em todos os outros jornais o sistema de colaboradores é mais informal e assistemático. O que não quer dizer que eles não tenham também poder de influência.

Outro dado relevante está relacionado ao papel desta participação nos suplementos. Alguns suplementos pagam quantias razoáveis, cerca de US$300 a US$400 pelos artigos de seus colaboradores. Outros jornais não pagam pelo trabalho ou pagam muito pouco, uma quantia simbólica mesmo. O que vem apenas reforçar como este espaço é nobre e valioso em outros termos. É um local de reconhecimento social e demonstração de prestígio, como bem ressaltou Alzira Alves de Abreu em seu estudo "Os Suplementos Literários: Os Intelectuais e a Imprensa nos Anos 50" (1996:27):

> [...] a colaboração nos suplementos serviu para alguns de instrumento de reconhecimento social e legitimidade da função de intelectual, e muitas vezes permitiu a seus colaboradores acesso à universidade, a cargos públicos, a editoras e à política.

Quem também salienta esse papel de reconhecimento da mídia em geral como de suma importância para nossa sociedade é Pierre Bourdieu (1997:86).

> Quando este ou aquele produtor de programa de televisão ou rádio convida um pesquisador, ele lhe dá uma forma de reconhecimento que, até nossos dias, era acima de tudo uma degradação. [...] Hoje, a mudança da relação de forças entre os campos é tal que, cada vez mais, os critérios de avaliação externos – a passagem pelo programa de Pivot, a consagração nas revistas, os perfis – impõem-se contra o julgamento dos pares. [...] A arbitragem da mídia se torna cada vez mais importante, na medida em que a obtenção de créditos pode depender de uma notoriedade da qual já não se sabe muito bem o que deve à consagração pela mídia ou à reputação aos olhos dos pares[3].

É preciso avaliar qual a importância, para os pares e para a sociedade, do aparecimento do seu nome impresso em um suplemento literário. Serão semelhantes ou diferentes? Para os pares também significará prestígio, da mesma forma que para o público leigo? Sabemos que o leitor destes cadernos é

---

3. Bernard Pivot foi apresentador do programa de livros *Apostrophe*, que existiu durante mais de dez anos na televisão francesa com enorme sucesso, e que consistia em entrevistas e debates com escritores e autores de livros sobre seus últimos lançamentos. Atualmente o programa não existe mais e Pivot é o apresentador do programa *Bouillon de Culture*, que vai ao ar nas noites de sextas-feiras, também com grande sucesso.

O Livro no Jornal

um leitor seleto, com alguma formação universitária e interesse por literatura, como ficou claro através das pesquisas.

Um aspecto importante a ser ressaltado nos quatro cadernos é a sua postura em relação a si próprios. Nenhum deles se define ou rotula como suplemento literário. São cadernos de livros, de literatura, de idéias, de polêmicas. Há o consenso de que a época dos suplementos literários como espaço privilegiado da crítica literária acabou. Não há quase mais críticos literários escrevendo nos jornais, o que reforça a idéia de Silviano Santiago sobre "desliteraturização" da imprensa em fins do século XIX.

Santiago (1993:12) defende a hipótese de que

> [...] a história da imprensa escrita na sociedade ocidental é a história da sua desliteraturização. Ou seja, isso a que se chama tradicionalmente de literatura vem perdendo no correr dos séculos e de maneira sistemática o seu lugar, poder e prestígio na imprensa diária (jornal matutino e vespertino) e na semanal (revistas).

E essa "desliteraturização" é conseqüência de inúmeros fatores como: o cosmopolitismo modernizante na imprensa reduz o impacto a literatura no jornal; com o avanço tecnológico (telégrafo, telefone) o jornal se tornou menos opinativo e mais informativo, gerando um empobrecimento do lugar da literatura; o surgimento de diferentes formas artísticas, como a novela que vem ocupar o lugar das histórias de folhetim, por exemplo; e por último, mas fundamental, o fato de o livro ter se transformado em mercadoria de fácil acesso ao público, fazendo com que o escritor não precise mais publicar seus textos na imprensa para ser conhecido.

Entretanto, se todos esses aspectos podem apontar para o fim da presença literária nos jornais, a realidade felizmente é diferente e os suplementos são a expressão disso. Uma alternativa importante criada pelos jornais para que o escritor e suas obras não abandonassem definitivamente as páginas da imprensa.

Não é mais como antigamente quando a literatura fazia parte dos jornais, sendo a *pièce de résistence* de alguns veículos. A linguagem dos primórdios do jornalismo também foi bastante influenciada pela literatura, até ir se afastando dela, se definindo melhor e se diferenciando, passando a apresentar um estilo mais objetivo, mais conciso, mais claro. Quesitos não obrigatórios dos textos literários.

A crítica literária de um modo geral está hoje restrita à universidade, sem tanto espaço nos jornais. À semelhança do que ocorreu com a literatura que foi perdendo terreno na imprensa, a crítica literária também foi reduzida. Nos anos 40 e 50 ela era chamada crítica de rodapé. Primeiro pelo fato de ser produzida por não especialistas e segundo por ser divulgada em órgãos de massa como os jornais. Para Flora Sussekind (1993:15) esta crítica de rodapé possui três características formais específicas: oscila entre a crônica e o noticiário, cultiva a eloqüência com o intuito de convencer rapidamente os leitores e apresentar uma leitura fácil, conjugando entretenimento e redundância.

E nesse período atuam dois modelos diversos de críticos: os considerados "homens de letras", que representavam o impressionismo e o didatismo, e os críticos formados na universidade, interessados na especialização e na pesquisa acadêmica. Eles detinham efetivamente o poder tanto em relação ao escritor quanto em relação mercado, para não citar o prestígio dele decorrido.

Os anos 60 e 70 vão se caracterizar pela perda de espaço do crítico literário que não merece mais tanta atenção da imprensa, assim como não consegue "escoar" a produção acadêmica para o mercado editorial. Para Sussekind (1993:27) a transformação dos suplementos demonstra isso.

> Exemplar, neste caso, é a lenta domesticação (no sentido de fazer das seções de livros e dos suplementos simples páginas de "classificados" dos "últimos lançamentos" das grandes editoras locais) ou a supressão dos principais suplementos de jornal, veículos mistos, entre o colunismo e a revista literária, e que, em alguns momentos, cumpriram importante papel de difusão cultural no país.

Na França há algumas diferenças pelo fato de esta crítica não se ressentir tanto de um canal de expressão. Existem

O Livro no Jornal

diversas revistas especializadas, universitárias ou não, com tiragens expressivas.

Outro ponto importante é ver como estes cadernos se constroem a partir da definição do que é pertinente a um caderno de livros, como se houvesse um critério rígido de inclusão e exclusão. Na prática não é o que ocorre. Aparentemente se o tema é livro ou escritor a matéria sairá neste caderno. Mas muitas vezes um livro de teatro, por exemplo, merece matéria no caderno de Cultura e um livro sobre gerência de empresas não é resenhado pelo suplemento, mas recebe uma nota na editoria de economia. A partir destes critérios é que os cadernos se estruturam e se definem. Nem todos os livros estarão presentes, nem todos os gêneros, nem todos os assuntos.

Diferenças e Semelhanças

Guardadas todas as especificidades de cada órgão de comunicação, poderia se afirmar que na essência eles são muito parecidos. Como diria H. Balzac em 1840 (Dreyfus, 1986:139): "O público pode acreditar que existem vários jornais, mas definitivamente só existe um". Eu não iria tão longe, mas é inevitável perceber que as semelhanças são grandes.

Os quatro suplementos têm a mesma estrutura editorial, salvo as suas particularidades. Todos são formados por um conjunto de resenhas sobre os novos lançamentos do mercado editorial de seus países. Alguns apresentam também uma coluna ou seção com as "novidades", que não foram ou serão resenhadas, mas que mereceram algum destaque ou comentário de uma nota. É possível perceber que em todos eles há uma preocupação com o equilíbrio. Isso quer dizer, dar espaço para livros de editoras variadas e não se concentrar em algumas, e no caso dos suplementos brasileiros foi destacado, e se poderá verificar a intenção de igualar as editoras dos dois maiores centros editoriais do país: Rio e São Paulo. Os jornais franceses não publicam com constância uma lista dos livros mais vendidos, dos *best-sellers*, como acontece nos brasilei-

46 ISABEL TRAVANCAS

ros, que dividem ficção e não-ficção e eventualmente algum outro gênero específico. Em todos eles há uma ausência da noção de crítica literária nos termos de Silviano Santiago e Flora Sussekind, e de um passado em que a literatura e a crítica estavam nos jornais.

Há resenhas, reportagens, colunas fixas, seções de lançamentos, colunas de informes gerais, mas pouco que se possa denominar crítica literária, até porque o suplemento é redigido em grande parte por jornalistas e não por especialistas e teóricos de literatura. Quase todos, com exceção da *Folha de S. Paulo*, têm ao menos um colunista ou crítico fixo que escreve regularmente no jornal. Esses articulistas têm mais liberdade e não estão tão amarrados à questão dos livros novos, podendo comentar autores e eventos, mas sempre devem ter em mente o chamado "gancho" jornalístico. Falar sobre um escritor em função de uma efeméride ou de um livro mais antigo que está sendo lançado em outro país. Esses colunistas, em geral pessoas de renome do mundo intelectual e ou jornalístico, vêm dar prestígio aos suplementos com sua presença.

Les Livres, por exemplo, utiliza com freqüência reportagens para falar dos mais diferentes temas, enfatizando seu pertencimento ao jornalismo, e não criando um espaço diferenciado dentro do jornal, como é comum em outros suplementos. O *Idéias* e o *Mais!* fazem reportagens, mas não tão assiduamente. Suas páginas são tomadas principalmente pelas resenhas e, no caso do *Mais!*, também por grandes artigos e ensaios. A reportagem é o gênero jornalístico por excelência e o repórter o paradigma da profissão (Travancas: 1993). O *Libération* define o perfil de seu suplemento também a partir desse vínculo estreito com o jornalismo. Suas páginas são em grande parte assinadas por jornalistas; embora haja acadêmicos e cronistas fixos escrevendo, eles são minoria. Não é um caderno feito com a participação maciça de intelectuais, como é o caso de *Le Monde des Livres*. No caso dos brasileiros o *Idéias* realiza reportagens eventualmente e possui uma página fixa de entrevistas, mas o corpo do caderno é preenchido por resenhas apre-

O Livro no Jornal　　　47

sentadas por jornalistas e acadêmicos. O *Mais!* se singulariza
pelos chamados números temáticos, onde há espaço para reportagens e entrevistas, mas são privilegiados os grandes ensaios assinados por intelectuais de renome nacional ou internacional; ou coletâneas de textos de escritores realizadas a pedi-
do do jornal, sob encomenda.

Em relação à linguagem *Le Monde des Livres* traz textos com maior seriedade e erudição, sem um tom coloquial,
utilizando muitas vezes palavras pouco comuns, fato raro nos
cotidianos. *Libération*, ao contrário, opta por ousar na linguagem. Lança mão de interjeições, gírias, expressões coloquiais,
confirmando a idéia de que seu público leitor é jovem. Há jogos
de palavras e brincadeiras nos títulos, o que não se vê nos
outros cadernos.

O *Jornal do Brasil* é redigido em uma linguagem
jornalística tradicional, sem exagero de seriedade, nem ousa-
dia e seu suplemento literário segue a linha do jornal. Textos
sóbrios e manchetes precisas. Já o caderno da *Folha de S.
Paulo* estaria mais próximo do *Libération* inovando nas cha-
madas de primeira página, com mais liberdade, se permitindo
mostrar poesias e desenhos gráficos. No interior do caderno,
os artigos oscilam em função das assinaturas dos resenhistas
e jornalistas.

Em relação aos suplementos brasileiros há um dado a
mais. Os dois jornais escolhidos são de cidades diferentes, Rio
de Janeiro e São Paulo, que apresentam uma rivalidade em
vários aspectos, especialmente cultural, também expressa nos
suplementos. Há uma demarcação de fronteiras no *Mais!* e no
Idéias. Cada caderno afirma o seu pertencimento a uma região geográfica específica. O caderno da *Folha*, por exemplo,
não poderia fazer parte de um jornal qualquer do país. Ele traz
em suas páginas um retrato igualizador das editoras do Rio e
de São Paulo, mas não da intelectualidade, por exemplo. É um
caderno que se identifica com a intelectualidade paulista, mais
especificamente aquela proveniente da USP. Já o suplemento
do *JB* tem um perfil mais carioca, não só dando espaço a ques-

tões e polêmicas ligadas à cidade do Rio, como à intelectualidade da cidade, e embora não tão vinculado a uma universidade específica. Destaco esse fato por ele apontar para o elo territorial dos jornais e por considerá-lo definidor de suas identidades. O pertencimento a uma cidade, no caso Rio ou São Paulo, poderá implicar minimização da expressão cultural da outra cidade. Não é à toa que inúmeros editores cariocas se queixam que os cadernos paulistas dão muito mais voz às editoras de São Paulo e reclamam que os suplementos do Rio não façam o mesmo com as suas empresas, fato terminantemente negado por todos os editores dos suplementos. Entretanto, nenhum negou a facilidade que a proximidade traz. Contactar um resenhista da mesma cidade e programar um texto seu para uma edição futura, apesar de todos os avanços tecnológicos (fax e computador *on line*), ainda parece mais fácil e eficaz.

Dos quatro jornais só o *Libération* tem o suplemento no formato tablóide, isso porque o próprio jornal tem esse tamanho. Todos eles valorizam o mercado editorial nacional e internacional sempre dando notas, fazendo reportagens e vários deles apresentam colunas fixas e específicas para o tema.

Um outro dado é a quantidade de anúncios sobre livros nos suplementos brasileiros, muito menor do que nos jornais franceses. Em *Le Monde* e *Libération* há muitos e grandes anúncios. Anúncios de página inteira, fato raro na mídia brasileira. Aqui o livro passou a ser tratado como produto e objeto de propaganda recentemente, no final dos anos 80. Até então, os anúncios eram raros e esporádicos.

O Mercado Editorial no Brasil e na França

A década de 90 no Brasil é um período de grandes transformações políticas e econômicas que vão afetar o mercado editorial do país. O presidente Fernando Collor fez um governo que de maneira geral não valorizou a área da cultura. Ainda que o mercado editorial não dependesse mais do Estado para existir, ele sofreu as conseqüências dessa atitude. Inúmeros

O Livro no Jornal 49

projetos foram inviabilizados e as editoras passaram por uma crise econômica com queda no consumo de livros como resultado da recessão e do desemprego. Muitas editoras decidiram diminuir suas tiragens e reduzir o número de lançamentos. Por outro lado, a década é marcante em termos de um crescimento da segmentação, especialização e principalmente de uma profissionalização do setor. Com isso o objeto livro passa a se tornar cada vez mais uma mercadoria, perdendo um pouco de sua "aura" de objeto sagrado, nos termos de Walter Benjamin (1993). Para o pensador alemão a reprodução desvaloriza o *hic et nunc*, a autenticidade da obra de arte, que se faz a partir do que a obra contém de originariamente transmissível, desde sua duração material até seu poder de testemunho histórico. Nas transformações técnicas que vão permitir a reprodução da obra de arte, e aqui estaria incluída a literatura, a "aura" da obra é perdida. Desprende-se o objeto do domínio da tradição e se lhe confere uma atualidade. Com estas mudanças são afetadas também as relações do autor com seu público e a diferença entre eles fica cada vez menor.

Mas se por um lado Benjamin elabora uma reflexão sobre o significado destas transformações e suas conseqüências para a sociedade, um outro pensador alemão, Theodor W. Adorno (1991) será um crítico ferrenho das inovações sofridas pelo livro desde seu aspecto visual. Ele afirma que o fato de o livro ter se tornado um bem de consumo e sua industrialização se destinar a um consumidor que sofre um enorme assédio do mercado editorial, fazem com que os livros não pareçam livros. E passa a ocorrer uma inversão: a forma se torna mais importante que o conteúdo.

Não é à toa que Adorno enfatiza sua surpresa com a importância visual dada ao livro.

> Percebi que os livros não têm mais a aparência de livros. A adaptação ao que se consideram com ou sem razão as necessidades dos consumidores, transformou sua fisionomia. As encadernações tornaram-se, intencionalmente, propaganda para o livro. Aquela dignidade do contido em si, duradouro, hermético, que capta o leitor dentro de si, fechando sobre ele a tampa como as

capas dos livros sobre o texto – isso está afastado como arcaico. O livro insinua-se ao leitor; não surge mais como algo existente por si, e sim por outra coisa, e justamente por isso o leitor se sente privado do melhor.

A questão para o pensador não é de uma simples forma, mas ao contrário, da influência que a própria impressão pode vir a exercer dentro e sobre o texto. Ele comenta o fato de alguns leitores rejeitarem um artigo que já foi publicado anteriormente em uma revista, quando o mesmo está editado em livro. E ressalta que a relação "correta" com os livros seria "a de involuntariedade, que se deixa ao parecer daquilo que a vida segunda e apócrifa dos livros quer, ao invés de persistir na primeira, muitas vezes apenas empreendimento arbitrário do leitor".

A meu ver o mercado editorial francês em alguns aspectos ainda parece um pouco impregnado do pensamento adorniano em relação ao objeto livro. O livro e seu autor são fonte de poder e prestígio na sociedade francesa e é recente a valorização da programação visual das obras. São inúmeras as coleções que permanecem utilizando um única cor na capa e nenhum tipo de ilustração. Diferentemente do que acontece, por exemplo no mercado editorial norte-americano, onde o apelo visual de um livro é fator fundamental na sua produção. O Brasil tem sofrido grande influência dos Estados Unidos e vem seguindo essa linha editorial de preocupação gráfica com as obras a partir do final dos anos 80.

As editoras passaram a ter outra postura, bem mais agressiva, utilizando estratégias de *marketing* até então raras neste setor, e buscando uma maior profissionalização. No começo dessa década as empresas ainda carregavam um traço de amadorismo e seus profissionais muitas vezes trabalhavam também "por amor à arte". Os salários estavam muito abaixo de outros ramos comerciais, as empresas muitas vezes eram geridas por famílias herdeiras desse patrimônio e o livro não recebia um tratamento cuidadoso, principalmente em termos gráficos, como recebe hoje. O aparecimento da Companhia das Letras foi fundamental para essa "revolução". Não que tenha sido ela a única responsável, mas teve enorme influên-

O Livro no Jornal 51

cia. A editora assumiu uma postura ousada, pagando adiantamento aos seus autores, formando um catálogo que enfatizava ensaios e literatura de qualidade, além de dar enorme atenção às capas dos livros. E mais do que isso, ela provou rapidamente com seu sucesso, que havia um público consumidor para estas obras, consideradas de difícil vendagem.

Em sua dissertação de mestrado sobre a indústria editorial no Brasil, Gilberto Salgado (1994:245) afirma que paralelamente a essa transformação, há uma aproximação e um interesse maior dos editores em relação à divulgação de seus títulos na imprensa e da existência dos suplementos literários.

Os editores sublinharam uma queda de qualidade nos suplementos literários, sobretudo na parte acadêmica, que em boa medida é interligada à diminuição dos espaços para a crítica literária e à proliferação das "resenhas encomendadas", esta última instrumento de *marketing* e *merchandising*.

Na França também houve comentários semelhantes dos editores franceses, ainda que a estrutura do mercado editorial naquele país, assim como a situação do mesmo em relação à leitura e ao livro, seja bem diferente da brasileira.

Um belo exemplo do papel e da dimensão do mercado editorial francês já nos séculos XVII e XVIII é o trabalho realizado pelo historiador Robert Darnton (1996) sobre a publicação da *Enciclopédia* de Diderot, *O Iluminismo como Negócio – História da Publicação da Enciclopédia*. Aquela obra composta por dezessete volumes se tornou um dos maiores *best-sellers* da história, tendo vendido 25 mil exemplares e foi, segundo seus editores, um extraordinário empreendimento comercial no século XVIII. E Darnton aponta para a importância do aspecto comercial aliado à divulgação das idéias e do conhecimento.

Após ler as 50 mil cartas trocadas entre a STN (Société Typographique de Neuchâtel) e livreiros de toda a Europa, fica-se com a convicção de que Voltaire e Rousseau de fato escreveram para um público enorme e que a história da *Enciclopédia*, quando estudada pelo método dos *Annales*, conduz a conclusões análogas às de Tocqueville. A história da transformação da *Enciclopédia* em um *best-seller* demonstra a atração do Iluminismo em grande escala, entre as camadas superiores e médias da sociedade francesa, se não entre as "massas" que fizeram a Revolução em 1789.

E não é à toa que os anúncios sobre a *Enciclopédia* enfatizavam que os leitores adquiriam um "compêndio do conhecimento moderno e uma síntese da filosofia contemporânea". Esta obra e seu sucesso editorial de enormes dimensões, não só na França como em muitos países da Europa, aliam a pedagogia a uma prática de mercado. A *Enciclopédia* se torna um livro para as massas. Assim como os jornais são veículos de massa que através de seus suplementos buscam criar uma demanda de leitores para a manutenção dos mercados editoriais dos dois países, valorizando alguns gêneros e autores em detrimento de outros. Na realidade unindo pedagogia e mercado como os editores no Iluminismo.

Para Darnton (1996:410) esta idéia de mercado e de público consumidor de livros é muito importante para compreensão do papel da obra de Diderot. Ela passa a ser entendida não só como um fenômeno ideológico mas econômico e se torna uma "mercadoria". Processo que parece tão recente e contemporâneo.

O capitalismo, seja o das pilhagens ou o balzaquiano, tem por alicerce o princípio de ligar oferta e demanda. Assim, a luta para vender *Enciclopédias* sugere que a demanda pela obra se disseminara por todo o território francês. Foi a riqueza do mercado que desencadeou os embates entre os editores. E a ferocidade do combate confirma a impressão que nos fica ao ver as estatísticas de suas vendas: o público leitor estava ávido pelo enciclopedismo.

Na França os anos 90 se caracterizam por um aumento de concentração, quase monopólio, de alguns grupos editoriais que passam a dominar o mercado publicando cada vez mais *best-sellers*, utilizando uma estratégia de *marketing* mais agressiva e fazendo dos supermercados seus melhores pontos de venda, em detrimento das tradicionais livrarias. Hoje dois grandes grupos dominam o cenário editorial francês, produzindo 80% das publicações e arrecadando também 80% do total gerado pelo setor. Os dois grupos são Hachette e Groupe de la Cité. O

O LIVRO NO JORNAL 53

primeiro mais antigo e o segundo criado em 1980 incluem diversas editoras e atingem segmentos diferentes. Ao lado estão diversas empresas de grande, pequeno e médio porte como a editora de maior prestígio na França e no exterior, a Gallimard. Com uma estrutura familiar e privilegiando a literatura, ela possui hoje "filiais" como Denoël e Le Mercure de France. O mercado editorial francês abarca mais de quatrocentas editoras e, embora a literatura francesa não seja mais a especialidade da grande maioria delas, a França continua valorizando este gênero de livro. Não é à toa que existem tantos prêmios diferentes como Goncourt (prêmio mais ilustre dado a obra de maior qualidade literária publicada durante o ano), Renaudot (criado em 1926, escolhe o melhor romance do ano), Fémina (prêmio criado para lutar contra a misoginia e é dado à melhor romancista francesa do ano), Médicis (este prêmio é dado a três categorias diferentes: romance novo, romance estrangeiro e ensaio, e enfatiza a qualidade literária), Interallié (prêmio concedido ao jornalista-escritor que escreveu o melhor romance e o júri é formado por trinta jornalistas) e Académie Française (é dado um prêmio de 25 mil francos, U$ 5 mil, para o poeta cuja obra pública é renomada), isto para não falar de outros como os prêmios dados pelos cafés Deux Magots (prêmio no valor de cinqüenta mil francos dado ao autor do melhor romance, conto ou ensaio) e pela Brasserie Lipp (esta premia o autor da melhor obra não publicada nas categorias romance, conto ou ensaio) em Paris. O Brasil por seu lado possui quatro premiações importantes para literatura: o prêmio Jabuti, o Prêmio Nestlé de Literatura, o prêmio da Academia Brasileira de Letras e o dado pela UBE (União Brasileira dos Escritores). Eles são entregues às melhores obras publicadas durante o ano em diferentes categorias como poesia, romance, ensaio e autor novo.

Os dois países realizam feiras anuais ou bienais que reúnem o que há de mais representativo da indústria do livro. Em Paris, todo ano, em março se realiza o Salon du Livre, evento de grande destaque na mídia e que atrai também grande público. Ao lado dele, diversos departamentos e cidades do interior

ISABEL TRAVANCAS

organizam eventos similares de menor porte, entre eles o Salon du Livre de La Jeunesse de Montreuil. No Brasil, as duas maiores feiras são as Bienais do Livro do Rio de Janeiro e de São Paulo, que se consolidaram como eventos dentro do calendário cultural das duas cidades. A de São Paulo foi criada em 1970 e a do Rio em 1981. Para o antropólogo Gustavo Sorá (1994:19) que investigou as bienais do livro no Brasil, elas são eventos muito importantes e significativos para a produção e circulação dos livros no país.

As bienais internacionais de livros são ao mesmo tempo espaços de consenso e discórdia, de ordem e diferenciação, de negociação e disputa. São realizadas através de acordos coletivos e veiculadas pela ação agremiativa, criando e impondo condições globais de mercado que não poderiam concretizar-se pela ação individual.

Ou seja, é também um espaço de estruturação de setores e categorias ligadas ao mundo dos livros que se encontram dispersos e sem interação. E para os dois países o acontecimento de maior destaque em nível internacional é a Feira do Livro de Frankfurt, que ocorre todos os anos em outubro naquela cidade alemã e a cada ano um país é escolhido como tema. O Brasil foi o tema da feira de 1994.

O Leitor

Mas para o mercado editorial se constituir é necessário um público consumidor, o que significa um público leitor de livros e jornais. Um caderno de livros busca, a princípio, um leitor culto ou interessado e desejoso de saber mais sobre livros. Essa constatação apresenta infinitas nuances, se pensarmos nos leitores dos dois países, bastante distintos em relação aos livros e à leitura, como são o Brasil e a França.

Neste aspecto creio que as pesquisas de opinião esboçaram um retrato do leitor desses quatro jornais nos dois países. Ao mesmo tempo em que fica claro o quanto a figura do leitor também é fruto de construções pessoais, subjetivas e até

O Livro no Jornal

intuitivas dos produtores dos cadernos. E já se sabe que o leitor não faz uma leitura homogênea do jornal como um todo. Ele também faz suas seleções a partir de interesses particulares e gostos pessoais. Assim como há idéias de como é o leitor ideal ou como procede o leitor chamado de médio. Um dos primeiros dados em relação ao leitor de jornal é que ele é "tradicional". Quero dizer com isso que mais do que uma escolha voluntária, a leitura de um determinado jornal é um hábito. A pessoa se acostuma a uma padronização visual, a um estilo de texto, a um formato de letra, ela se habitua com a "cara" e o conteúdo do seu jornal. Não é à toa que os departamentos de *marketing* e publicidade sabem o quanto é "perigoso" mudar o formato de um jornal. Na maioria das vezes o leitor reage, não gosta, porque sai do padrão, do modelo. São freqüentes as críticas de assinantes de um jornal ao próprio veículo, e quando questionados por que não trocam, grande parte afirma que já está habituada e gosta do jornal.

Para Flora Sussekind (1993:28) foi a imprensa quem criou esta categoria "leitor médio" o qual exigiria uma linguagem mais jornalística, resistindo ao texto difícil, considerado incompreensível. E Sussekind afirma:

> Se nos anos 40-50 eram os críticos-professores que olhavam com desconfiança os rodapés, agora são os jornalistas que atribuem à produção acadêmica características de um oponente. [...] A que se acrescentam críticas freqüentes à linguagem (segundo alguns: "jargão incompreensível") e à lógica (argumentativa, quando a regra na mídia seria a adjetivação abundante e afirmações que não expõem os próprios pressupostos) do texto originário da universidade. Além de, numa sociedade submetida a rápido processo de espetacularização, parecer faltar muitas vezes ao ensaísmo "acadêmico" o charme do texto-que-brilha, do texto-que-parece-crônica.

E os suplementos ainda hoje seriam um espaço de resistência à pressão da linguagem jornalística. São eles os cadernos onde os textos podem ser mais extensos, podem ser mais complexos e a linguagem mais refinada e menos coloquial. É possível o texto com citações e referências a outras obras e autores, o que é pouco comum dentro do espaço do jornal.

56 ISABEL TRAVANCAS

Mas as maiores variações são mesmo entre o estilo e o perfil dos cadernos. Os que fazem a opção por uma presença acadêmica maior em suas páginas, como é o caso da *Folha de S. Paulo* e do *Le Monde*, por exemplo.

O perfil do leitor ideal em relação ao livro e não à imprensa, também foi esboçado por Adorno. Ele cita Proust para comentar que o leitor ideal não é o cômodo, que deseja a leitura fácil, evitada pelo escritor francês que redigia sem parágrafos. Ele se irritava com a exigência de leitura fácil que obrigava a "servir pequenos bocados que o freguês ávido possa deglutir mais facilmente". Para o filósofo, o leitor ideal tem refinamento e percepção apurada.

> Mas o leitor ideal que eles não suportam saberia certamente, ao sentir a encadernação nas mãos, perceber a figura do frontispício, e a qualidade da configuração das páginas, algo do que está dentro, e perceberia o que ele vale, sem que precisasse ler antes.

A leitura é também um tema muito discutido por entre outros Roger Chartier, Robert Darnton e Daniel Roche. Mais do que um aprendizado mecânico de letras e palavras decodificando os seus significados, a leitura como produção social de sentido é o que enfatizam estes historiadores. Como já haviam destacado anteriormente Jean-Paul Sartre e W. Iser. Ou seja, há inúmeras possibilidades de leitura de um texto, e por conseqüência de interpretações.

Para Jack Goody (1968:466) a distinção entre sociedades letradas e iletradas não está na dicotomia que se baseia nas radicais diferenças de atributos mentais entre estas sociedades, mas no fato de a escrita estabelecer um tipo diferente de relação entre a palavra e seu referente. Uma relação mais geral e mais abstrata, menos ligada às particularidades da pessoa, do lugar e do tempo, do que a obtida na comunicação oral. A relação com a palavra, com o texto, varia de sociedade para sociedade, o que reforça a idéia da arbitrariedade do sentido em relação ao signo. Não há nada na essência de um objeto que o vincule à sua expressão ou palavra. Como salienta o antropó-

O Livro no Jornal

logo M. Sahlins (1979:189), "nenhum objeto, nenhuma coisa é
ou tem movimento na sociedade humana exceto pela significação que os homens lhe atribuem".

Na escrita, quem tem papel fundamental é o leitor. Um texto só vai existir se houver um leitor que lhe dê significado. O texto
e a sua significação não existem soltos no mundo e no tempo.
Quem vai enfatizar esta noção é o historiador francês Roger
Chartier (1994:9).

> As obras – mesmo as maiores, ou, sobretudo, as maiores – não têm
> sentido estático, universal, fixo. Elas estão investidas de significações plurais
> e móveis, que se constroem no encontro de uma proposição com uma recepção.
> Os sentidos atribuídos às suas formas e aos seus motivos dependem das
> competências ou das expectativas dos diferentes públicos que delas se
> apropriam. Certamente, os criadores, os poderes ou os *experts* sempre querem
> fixar um sentido e enunciar a interpretação correta que deve impor limites à
> leitura (ou ao olhar). Todavia, a recepção também inventa, desloca e distorce.

Chartier mostra o quanto esse processo de leitura se
modificou ao longo dos séculos. Da passagem da leitura em
voz alta para a leitura em silêncio. Da leitura que ele chama
de intensiva para a extensiva. Intensiva entendida como leitura confrontada a poucos livros, baseada na escuta e na
memória, sendo respeitosa e quase sacra. Já a leitura extensiva significaria o consumo de muitos textos, passando de
um para outro com versatilidade e sem qualquer conotação
de sacralidade. Outro tipo seria a chamada "leitura da intimidade", da solidão, tida como uma das bases para a constituição de uma esfera do privado, contrastando com leituras
públicas e coletivas.

Em sua obra *Se Numa Noite de Inverno um Viajante*,
Italo Calvino é um escritor que coloca em prática o papel do
leitor atuante, que constrói o texto junto com ele. E Calvino vai
ao longo da narrativa prevendo quais serão suas reações e
sentimentos diante do que é descrito. O autor está descolado
da figura do narrador que apresenta dez inícios de romances,
num grande exercício de imaginação de como é o leitor e de
múltiplas decodificações por parte deste último.

Um outro escritor que, de maneira diversa e bem humorada reforça esta idéia do leitor como "dono da leitura", é o francês Daniel Pennac. Ele chegou a estabelecer um quadro com os direitos do leitor. São eles: "o direito de não ler, de pular páginas, de não terminar o livro, de reler, de ler qualquer coisa, de ler em qualquer lugar, de ler uma frase aqui e outra ali, ler em voz alta e de calar" (*Jornal RioArtes*, n. 11, 1994, pp. 6 e 7 – trecho do livro *Como um Romance*, de Daniel Pennac).

Neste caminho do entendimento da leitura e suas inúmeras possibilidades, encontramos duas correntes próximas e distintas. A "estética da recepção" cuja principal expressão intelectual é H. R. Jauss, e a "teoria do efeito estético" da qual W. Iser é um dos mentores. Jauss enfatiza a resposta do público no nível de suas esferas coletivas. Segundo Jauss (1978:58), para entender o efeito produzido pela obra e a sua recepção junto ao público, é preciso compreender a relação entre texto e leitor. Ambos fazem parte de um processo que estabelece uma relação entre dois horizontes distintos que se fundem. E a relação com o texto é sempre ativa e receptiva: um leitor não pode concretizar a significação, o sentido potencial de uma obra, se ele não insere a sua pré-compreensão do mundo e da vida dentro do quadro de referências literárias do texto.

Para Iser (1976:13) que não trabalha com o leitor empírico, mas com uma estrutura textual, a estética do efeito "compreende o texto como um processo, a prática da interpretação que dele decorre vale essencialmente para a formação do sentido enquanto acontecimento". Este tipo de análise concentra seu interesse em despertar a leitura. Trata-se de uma interpretação da literatura baseada na estética do efeito que se aplica à função que os textos assumem em contextos particulares.

Jean-Paul Sartre em seu clássico *Qu'est-ce que la littérature?* (1995:62) escrito em 1948, afirmava que a leitura é um pacto de generosidade entre autor e leitor.

Cada um confia no outro, cada um conta com o outro, exige do outro tanto quanto exige de si. Pois esta confiança é ela mesma generosidade: ninguém

O Livro no Jornal

pode obrigar o autor a crer que seu leitor usará de sua liberdade; ninguém pode obrigar o leitor a crer que o autor usou da sua. Trata-se de uma decisão livre tomada por um e outro.

Sartre está apresentando uma relação dialética entre os dois, onde cada um exige do outro e espera que essas exigências sejam satisfeitas. O que, a seu ver, o escritor espera de quem lê é uma entrega pessoal, na qual entram suas paixões, suas simpatias, seu temperamento, seus valores. Para que a leitura se torne *un rêve libre*, uma atitude criativa e jamais uma ação mecânica. Porque o sentido do texto, o conteúdo das palavras não é dado na linguagem, mas através dela.

Outra abordagem da leitura é a do sociólogo francês Pierre Bourdieu (1993:274) que vê a leitura inserida em uma prática cultural. Para ele

A leitura obedece às mesmas leis das outras práticas culturais, com a diferença de que ela é mais fortemente ensinada pelo sistema escolar, isto é, o nível de instrução vai ser mais poderoso no sistema dos fatores explicativos, sendo o segundo fator a origem social.

Segundo Bourdieu sempre se pensa que ler um texto significa compreendê-lo, descobrir sua chave. E na verdade nem todos os textos são escritos para serem compreendidos neste sentido. Deve-se refletir sobre para qual uso ele foi produzido. Se sua intenção era comunicar uma maneira de fazer ou de agir, por exemplo. Como se para a leitura de um escrito fosse importante perguntar sobre o seu *mode d'emploi*.

Creio que essa perspectiva aponta para uma leitura possível dos cadernos de livros deste trabalho, na medida em que Bourdieu declara que há inúmeros aspectos a serem analisados. Desde o texto que é dividido em pequenos parágrafos, o que já aponta o seu endereçamento a um público mais popular, por exemplo. Ou mesmo as indicações dentro de um artigo como os signos – itálico, negrito, os subtítulos – que indicam a importância que estamos dando a determinados trechos e está direcionada ao leitor. Segundo o sociólogo (1993:272) estas são "manifestações de uma intenção de manipular a recepção".

2. Retrato dos Cadernos

O Romance em Destaque

Os cadernos de livros dos quatro jornais podem ser vistos como uma categoria de apreensão da realidade. Como tal valorizam alguns aspectos do vasto universo dos livros, dos quais são incentivadores e defensores. Um dos primeiros dados percebido ao longo desta análise é o lugar de destaque da literatura em geral e, nela, o romance é o gênero predileto do *Mais!*, *Idéias*, *Les Livres* e *Le Monde des Livres*. De todos eles, o único que ainda contrabalança o peso do romance é o caderno *Mais!* que também abre bastante espaço para a poesia. Os outros tratam deste gênero apenas eventualmente.

Essa priorização do romance como o gênero literário por excelência, me faz lembrar o artigo de Walter Benjamin (1993:201) "O Narrador – Considerações sobre a Obra de Nikolai Leskov" em que ele discute o papel do romance e sua contextualização.

O que distingue o romance de todas as outras formas de prosa – contos de fada, lendas e mesmo novelas – é que ele nem procede da tradição oral nem a alimenta. Ele se distingue, especialmente, da narrativa. O narrador retira da experiência o que ele conta: sua própria experiência ou a relatada pelos outros. E incorpora as coisas narradas à experiência dos seus ouvintes. O romancista segrega-se. A origem do romance é o indivíduo isolado, que não pode mais falar exemplarmente sobre suas preocupações mais importantes e que não recebe conselhos nem sabe dá-los. Escrever um romance significa, na descrição de uma vida humana, levar o incomensurável a seus últimos limites.

Benjamin aponta as mudanças ocorridas na própria sociedade e, em seus indivíduos-leitores, que vão propiciar a ascensão do romance no século XVIII. Para o pesquisador inglês Ian Watt, esta forma literária é a que mais reflete as transformações que geram um texto ficcional mais inovador e impregnado de uma ideologia individualista, onde os personagens passam a ser tratados como pessoa em particular e não mais um tipo. Além de destacar a questão do tempo, tão cara à modernidade, que o romance reflete, Watt (1990:14) afirma:

As formas literárias anteriores refletiam a tendência geral de sua cultura ao conformarem-se à prática tradicional do principal teste da verdade: os enredos da epopéia clássica e renascentista, por exemplo, baseavam-se na História ou na fábula e avaliavam-se os méritos do tratamento dado pelo autor segundo uma concepção de decoro derivada dos modelos aceitos no gênero. O primeiro grande desafio a esse tradicionalismo partiu do romance, cujo critério fundamental era a fidelidade à experiência individual – a qual é sempre única e, portanto, nova. Assim, o romance é o veículo literário lógico de uma cultura que, nos últimos séculos, conferiu um valor sem precedentes à originalidade, à novidade.

O texto jornalístico não está amarrado à idéia de originalidade, mas tem a obrigação de trazer uma novidade, já que a essência da imprensa é a notícia. É ela o produto mais importante do jornal e a forma de apresentá-la, redigi-la e elaborá-la é que diferencia os veículos, na medida em que os fatos ocorridos em uma cidade ou país são sempre os mesmos. No caso particular dos suplementos, os mesmos livros são lançados. E essa dependência da realidade, do verossímil é uma das características do jornalismo que tem compromisso com a atualidade. Juntamente com o elemento fundamental do jornal – a notícia – há outro aspecto importante: o estilo do texto. A escrita jornalística possui uma linguagem própria, muito específica, com particularidades

O Livro no Jornal 63

que a diferenciam da literária. Aliás, há uma polêmica em torno dessa questão, já que alguns consideram o jornalismo como um gênero literário, como é o caso de Alceu Amoroso Lima (1990:75).

O jornalismo é um gênero literário. Apresenta o traço diferencial da literatura em face da não-literatura, quando põe ênfase no estilo, como meio de expressão, distinguindo-se pois, dentro do próprio jornalismo, em sentido lato, de tudo o que vem no jornal, na sua forma escrita, ou no studio, em sua forma oral.

Amoroso Lima entende literatura, gênero e jornalismo da seguinte maneira: literatura não se define como produto artístico. Para o autor, a relação entre literatura e jornalismo é muito íntima e uma das diferenças está no fato de que na literatura a palavra é um fim, enquanto no jornalismo ela tem o valor de meio. "Jornalismo não é literatura pura, sem dúvida, como é um poema, no qual a palavra vale *apenas* (grifo meu) como palavra e não como transmissão de pensamento ou de uma mensagem".

Esta é uma afirmação muito discutível. Apresenta a idéia de uma literatura "pura" e o jornalismo como gênero que dá à palavra um valor a mais, como se fosse possível separá-la de seu significado e conseqüentemente, de sua mensagem. Para Amoroso Lima, o jornalismo é uma espécie de literatura em prosa, apreciação de acontecimentos, e possui componentes específicos como informação, atualidade, linguagem objetiva e estilo.

Antonio Olinto (1968:19) é outro jornalista e escritor que comunga com a visão de Amoroso Lima. A seu ver, jornalismo é literatura para consumo imediato e possui uma certa funcionalidade. Ele ressalta: "é claro que o jornalismo comporta também literatura de maior alcance, em suplementos literários, onde contos, ensaios e poemas são periodicamente publicados, ou certas crônicas diárias, mas esta é uma parte lateral ao jornalismo propriamente dito". Para Olinto, apesar da linguagem da imprensa sofrer todas as contenções fundamentais à prática do jornalismo, ela é um "ato de criação" e nesse ponto se aproxima da literatura.

Isso fica claro ao avaliarmos a importância de escritores e intelectuais na sociedade e nos cadernos selecionados, e os estilos de escrita do romance e do jornal. *Le Monde des Livres* se distancia da vertente inicial da imprensa e do próprio gênero literário, na medida que seu perfil de caderno é de textos grandes, eruditos, que pressupõem um leitor culto. Da mesma forma, os romances escolhidos não fazem parte dos de fácil digestão ou dos chamados *best-sellers*, gênero de livro que está muito associado ao jornal pelo seu grande interesse por parte do público e pela "novidade" que trazem, assim como seu lado descartável e de rápido envelhecimento. Antonio Olinto trata desta questão ao comentar o sucesso dos livros de reportagem (1968:38).

> O livro de reportagem é também (e, às vezes, até com mais facilidade) atingido pelo fenômeno do *best-seller*. O próprio jornal exige assuntos *best-sellers* diários, que possibilitem manchetes. É por isto que a grande parte das obras do gênero não passa de exploração de assuntos em voga, de temas que, no momento, constituem motivos de preocupação ou de curiosidade de uma grande maioria das pessoas.

Seria exatamente o caso das biografias de artistas e figuras famosas, que tanto sucesso alcançam.

O jornalista Nilson Lage (1985:28) discorda inteiramente dessa perspectiva, argumentando que o texto jornalístico tem especificidades que o impedem de ser considerado literário.

> O jornalismo não é um gênero literário a mais. Enquanto, na literatura, a forma é compreendida como portadora, em si, de informação estética, em jornalismo a ênfase desloca-se para os conteúdos, para o que é informado. O jornalismo se propõe processar informação em escala industrial e para consumo imediato. As variáveis formais devem ser reduzidas, portanto, mais radicalmente do que na literatura.

E se por um lado há dificuldade em definir a especificidade e a fronteira do jornalismo, a designação do termo literatura não é menos complexa. Terry Eagleton (s.d.:8), por exemplo, afirma que

> [...] em grande parte daquilo que é classificado como literatura o valor verídico e a relevância prática do que é dito é considerado importante para o

O Livro no Jornal 65

efeito geral. Contudo, mesmo em se considerando que o discurso "não pragmático" é parte do que se entende por "literatura", segue-se dessa "definição" o fato de a literatura não poder ser, de fato, definida "obviamente". A definição de literatura fica dependendo da maneira pela qual alguém resolver ler, e não da natureza daquilo que é lido.

Para Eagleton não se pode ver a literatura como categoria objetiva, assim como ela não será apenas o que se denomina como tal. A literatura é fruto de uma construção social, associada a um determinado período histórico e suas ideologias, e está relacionada com o gosto e o poder que determinados grupos, no caso a elite intelectual, possuem. Esse ponto diz respeito à recepção de um texto em um dado momento. As influências sociais, ideológicas e políticas em relação a essa mesma recepção estão, a meu ver, bastante próximas do papel dos suplementos literários. Em muitos aspectos, eles têm um papel definidor do que é considerado livro e do que apontam como literatura[1].

Ao fazerem uma seleção dentro do que é produzido no mercado editorial, elegendo temas e priorizando autores, os suplementos se definem como uma construção do campo editorial para seus leitores. Mas se a linguagem do jornal se distanciou da literatura, no século XX principalmente, é sabido o quanto a literatura sofreu influência da imprensa, como ressaltou, entre outros Antonio Candido (1985:33).

Todos sabem – para dar mais um exemplo – a influência decisiva do jornal sobre a literatura, criando gêneros novos, como a chamada crônica, ou modificando outros já existentes, como o romance. Com a invenção do folhetim romanesco por Gustave Planche na França, no decênio de 1820, houve uma alteração não só nos personagens, mas no estilo e técnica

---

1. Ainda que não se vá entrar na discussão a respeito da obra de Paulo Coelho, ela toca de perto nesta questão. Seus livros são considerados obras esotéricas pelos suplementos, e não textos literários. A controvérsia é grande, e muitos afirmam que o que ele escreve não pode ser denominado literatura. Outros discordam, salientando que é literatura sim, o que não significa que seja de qualidade.

ISABEL TRAVANCAS

narrativa. É o clássico "romance de folhetim", com linguagem acessível, temas vibrantes, suspensões para nutrir expectativa, diálogo abundante com réplicas breves.

Mas se Antonio Candido destaca a influência da imprensa no estilo e nos gêneros literários, há um outro aspecto que diz respeito ao público. A formação de uma idéia de literatura, do que seja literatura, pelos suplementos.

Se, em um primeiro momento, enquanto entidade com grande prestígio, os cadernos se colocam como defensores do livro, em seguida, ao priorizarem a literatura como estilo maior e o romance como gênero literário por excelência, eles fazem um recorte dentro do próprio "campo" literário e dão ao leitor a sua visão. Ainda que pareça óbvio, o fato de o jornal defender o livro, lutar pela sua existência e incentivar a leitura como ponto fundamental de crescimento de um país, é por estar próximo a ele, já que ambos são fruto da escrita, importante aquisição humana. Por outro lado, não é tão simples compreender o relativo desinteresse pelos outros gêneros como a poesia, por exemplo. Gênero quase que ausente, se comparado com a prosa. Não é por acaso que a crítica literária da revista *Télérama*, Michèle Gazier, declarava a dificuldade de publicar resenhas sobre poesia. A seu ver, o público não tem grande interesse por ela, assim como para os editores sua publicação não significa grandes vendas.

Mas dentro desta postura uniforme dos cadernos em relação ao romance, há nuances. *Le Monde des Livres* é o jornal que mais defende o livro e o romance. O livro é um objeto a ser "protegido" e incentivado. É possível perceber um *parti pris* do livro. Isso é intencional e está presente nas páginas do jornal e na atitude do editor, sua equipe e seus colaboradores. Por princípio, o critério de escolha de uma obra para resenha ou crítica é a sua qualidade. Com raras exceções, como é explicitado nas próprias entrevistas de Josyane Savigneau, Roger Chartier e Nicole La Pierre, o critério de escolha de um livro é sempre o fato de ele ter agradado a esse primeiro leitor. O jornal irá a público "defendê-lo" pelas mais variadas razões,

O Livro no Jornal

desde sua qualidade literária, originalidade do tema, importância da pesquisa apresentada, ou pelo destaque de seu autor no
cenário intelectual.

No artigo comemorativo dos 25 anos do suplemento, de
autoria de Jacqueline Piatier, há um *box* (quadro destacado do
texto por fios), "A Redação", que reafirma a defesa do livro:

> A independência é, semana após semana, defender o que parece aos
> membros da equipe e a todos os colaboradores do *Le Monde des Livres* – com
> suas próprias diversidades – merecer o apoio. [...] Sem nos proibir de denunciar
> o que nos parece ser impostura ou fraude intelectual, sem nos privar da
> liberdade de ser um espaço de polêmica e debate, preferimos que cada um
> possa, antes de tudo, defender livros que goste, apoiar os escritores nos quais
> acreditam (p. 2).

Nesta perspectiva e ao longo da análise dos exemplares
do suplemento nos anos 90, também ficou clara a importância
para o *Monde* da *rubrique*: literatura francesa. Esta é uma
especialidade do jornal. Não quero dizer que *Le Monde* não dê
atenção à literatura estrangeira ou aos ensaios. De cerca de
cinqüenta exemplares selecionados nos anos 90, dezesseis capas foram dedicadas a autores de literatura francesa: F. Sureau,
Simone de Beauvoir, Mauriac, Flaubert, M. Leiris, J. Prévert,
Rabelais, Marguerite Duras, Maupassant, Jean Genet e S.
Beckett[2].

Além disso, outras cartoze capas são de obras não literárias de autores franceses, como Sartre, Lacan, Barthes, Simone de Beauvoir, Georges Duby, Malraux, Régis Debray,
Lévi-Strauss, Montesquieu, e de temas da história da França.

Estes dados demonstram o quanto o jornal apóia e
enfatiza a cultura francesa, seus autores, sua história e seus
pensadores. Este é um aspecto marcante do caderno. E o que

---

2. Aqui vale destacar que embora Beckett seja um escritor de origem irlandesa,
parte de sua obra foi escrita em francês, país que ele escolheu como pátria e
residência. Por estes fatos e pela excelência de sua literatura, Beckett é considerado um autor "nacional" para os franceses.

68 ISABEL TRAVANCAS

me interessa aqui é levantar dados e poder traçar seu perfil. Porque mesmo dentro da literatura francesa, o gênero privilegiado é o romance, a tradição romanesca francesa e a tentativa de não perdê-la ou esvaziá-la. Das capas do suplemento sobre autores de literatura francesa, a maior parte era de romancistas. As três exceções foram: Jacques Prevért e Louis Aragon (ambos poetas) e Jean Genet (dramaturgo).

No caso de *Le Monde des Livres*, ao lado de uma valorização da literatura romanesca de um modo geral, há outros pontos que derivam deste. O primeiro é a questão da predileção por uma literatura nacional, de língua francesa. O número de autores franceses resenhados e de livros franceses que foram capa do suplemento é muito superior ao de escritores estrangeiros e suas respectivas obras. De cinqüenta exemplares selecionados, vinte capas foram destinadas a obras e autores estrangeiros (ensaio e ficção), 27 a escritores, pensadores e temas franceses, como "L'année Dreyfus" e a extrema direita francesa dos anos 30, e os três restantes tiveram capas dedicadas ao Salon du Livre (duas) e à *rentrée littéraire.* No total, o número de cadernos que tiveram como temática central a literatura francesa, autores, pensadores e assuntos franceses foi bem maior do que os que falaram sobre a produção estrangeira. O que demonstra a importância e a força da literatura e da intelectualidade francesa para a construção de uma identidade nacional, e o quanto os intelectuais e os escritores são uma tradição e motivo de orgulho na história cultural francesa.

O historiador Daniel Roche (1993:201), em seu trabalho sobre as práticas da escrita em cidades francesas no século XVIII, exemplifica esta tradição.

> Todas as cidades são produtoras e consumidoras de livros, de brochuras, de jornais, todas as cidades, pelo menos as grandes metrópoles regionais aparecem como cruzamentos de difusão da inovação dos saberes e dos pensamentos, e ao mesmo tempo, como matrizes da tradição, da tradição religiosa, da tradição universitária e pedagógica. A cidade constitui um universo cultural original onde a escrita representa seu papel mesmo para aqueles que não a decifram.

O Livro no Jornal

Há duas idéias interessantes que podem ser extraídas do texto de Roche. Primeiro é a perspectiva de leitura como decifração do mundo. Não se trata apenas de apreender o sentido de um texto, mas de avançar e usufruir do que ele possibilita ao seu leitor, no caso esta descoberta do conhecimento. A leitura, o saber ler, sendo percebido como um código de acesso que só os alfabetizados têm.

Em segundo lugar é a importância da escrita mesmo para quem não lê. O trecho do trabalho de Roche se refere ao século XVIII na França, época em que o número de analfabetos era grande. Entretanto há uma percepção pela sociedade como um todo da importância da escrita, que é transmitida e incorporada aos iletrados. Ocorre uma valorização na França da escrita para além de seu significado prático ou mensurável.

Para o historiador Pierre Nora (1986:X), a idéia de nação que está na base da construção de uma identidade para todos os membros de um país é complexa. É toda ela uma representação. Não um regime ou doutrina mas o conjunto de expressões sociais, imutável e mutante ao mesmo tempo e presente em todas as comunidades sociais modernas.

A seu ver, o que está em questão é o lugar muito particular que a França deu à sua cultura. Não é à toa que um dos capítulos da obra organizada por Nora é: "Les mots". E inclui um histórico da Academia Francesa de Letras e do Collège de France, duas instituições que são referências para a nação.

Ao lado da idéia de nação como representação para seus próprios membros, está a questão de como essa representação é construída e apresentada no exterior, e para o estrangeiro. A França é tida como símbolo das letras e da cultura. E é exatamente na tentativa de manutenção dessa representação, tanto interna quanto externa, que trabalha o *Le Monde*, ou seja dentro de uma espécie de nacionalismo. Entenda-se nacionalismo como sinônimo de lealdade à nação e não necessariamente visto sob um prisma negativo. O jornal não está afirmando ser a sua literatura superior ou seus autores melhores. Muito se discute na atualidade sobre a perda da supremacia francesa na área literária, em nível internacional. A França não dita mais as regras para o meio literário e seus autores recentes não estão entre os mais traduzidos mundo afora. Fala-se em uma decadência da literatura francesa e da pouca renovação dos seus escritores. *Le Monde des Livres* discorda dessa linha que acredita estar a literatura francesa em processo de decadência. Ao contrário, ele está ao seu lado para reforçar o seu papel e lhe dar apoio. *Le Monde* vai buscar em escritores renomados como Aragon, Duras ou Prévert munição para esta defesa. E aponta Philippe Sollers, Michel Rio e René Belletto entre outros, como exemplos de literatura recente e de qualidade. Sollers não está nas páginas do caderno apenas como escritor, ele é também colaborador do suplemento, onde escreve com freqüência.

Dos cinqüenta exemplares selecionados do *Libération*, 36 apresentaram como matéria de capa autores e obras estrangeiros, sete trouxeram escritores e pensadores franceses como Marguerite Duras, Samuel Beckett, Philippe Sollers, Michel Foucault, Saint Exupery e Hervé Quibert; quatro se dedicaram a *rentrée littéraire* e ao Salon du Livre e três abordaram o mercado editorial, sendo dois sobre a França e um sobre os Estados Unidos. O número de edições em que os escritores e/ou pensadores estrangeiros ocuparam a capa foi muito superior ao número de cadernos com autores franceses. O que enfatiza a opção de valorizar a produção literária e intelectual de outros países.

Les Livres não possui a mesma visão do *Monde des Livres*, que tem um *parti pris* da literatura francesa. Há, por parte do *Libération*, um *parti pris* dos livros e das editoras que publicam obras de qualidade. É claro que essa "qualidade" vai estar sempre entre aspas e merece toda uma discussão sobre o que é considerado um livro de qualidade. Quais são seus *a priori*? O que torna uma obra de "qualidade"? Seu tema, seu autor, seu estilo? E remete ainda à questão muito discutida da vulgarização da cultura. Umberto Eco, em *Apocalípticos e Integrados*, faz uma análise de como a indústria

O Livro no Jornal

cultural é tratada. E de como a cultura e os produtos culturais são vistos através da dicotomia "inferior"/"superior" e "alto" e "baixo", quando se sabe que esta concepção é no mínimo problemática e difícil de ser sustentada. Vou ficar com a divisão entre livros de mais fácil compreensão e digestão por parte do grande público e obras mais complexas, com linguagem mais refinada e conseqüentemente dirigida para um público mais restrito. E o jornal vai privilegiar estes últimos, incluindo autores novos e de outros países que apresentem uma escrita mais sofisticada.

Esta atitude de defesa de uma literatura mais refinada também é expressa em matéria sobre a editora Gallimard, assinada pelo editor do caderno *Les Livres*, Antoine de Gaudemar. Esta editora é considerada a número um na França, tanto no aspecto literário como no comercial. A matéria trata do conflito familiar de sucessão na empresa. O texto afirma que a editora é "le saint des saints de l'édition française" e é a mais prestigiada editora do país. Um dos pontos de distinção da empresa realçados na matéria, e que ainda permanece, é a visão de seu fundador Gaston Gallimard que se preocupava primeiro com a qualidade dos livros e depois com sua rentabilidade. Segundo a reportagem ele dizia para o setor comercial: "Nós escolhemos os livros, vocês que se virem para vendê-los".

Para o *Libération*, houve muitas transformações no mundo editorial francês a partir dos anos 80 e, como ressalta Marcel Gauchet, da revista *Débat*, um entrevistado na mesma matéria, é preciso lutar pela Gallimard. "Nesta retirada generalizada, a Gallimard é um lugar onde se manteve uma tradição pela qual vale a pena lutar."

Ao lado do apoio à literatura de qualidade, não necessariamente francesa, *Les Livres* expressa com grande ênfase seu interesse pela literatura estrangeira e essa é, sem dúvida, uma de suas principais características. Há também uma valorização do romance, com menor intensidade e menos explicitada do que aparece em *Le Monde des Livres*.

Os suplementos do *Jornal do Brasil* e da *Folha de S. Paulo* não apresentam uma postura tão defensiva da literatura e do romance quanto *Le Monde* e nem tão centrada na literatura estrangeira como o *Libération*. A literatura brasileira é valorizada, mas em que medida são os grandes e já renomados autores que têm espaço?

No caderno *Idéias*, de cinqüenta capas dos anos 90, sete são de autores brasileiros. Nelson Rodrigues, Clarice Lispector, Jorge Amado, João Cabral de Melo Neto, Castro Alves e Francisco J. C. Dantas, e uma para o "autor nacional". Entre eles, apenas Francisco Dantas não é uma personalidade literária já consagrada pelo público e pela crítica. Mas este número não representa nem 20% das capas do suplemento, demonstrando que o escritor brasileiro não é tão privilegiado. Entretanto, o jornal publicou uma grande matéria assinada por sua editora na ocasião, Luciana Villas-Boas, sobre os lançamentos de literatura brasileira no ano de 1994. Tratava-se de uma retrospectiva dos títulos lançados, uma listagem dos 35 melhores livros de ficção nacional. Destes, treze livros de contos, três novelas e dezenove romances. O jornal destacava o grande número de contos, um gênero até pouco tempo malvisto pelo próprio mercado. Ficaram claras também a predominância e a importância do romance, como gênero privilegiado pelo público e pelas editoras.

Em seu artigo, Luciana Villas-Boas declarou que no ano de 1994 o caderno recebeu 65 títulos de autores brasileiros e destes, quarenta tiveram espaço de resenha, reportagem ou entrevista com o autor. Esse número, a seu ver, era importante não só por demonstrar o interesse do próprio caderno, mas pela expressão do valor que o mercado editorial brasileiro começava a dar ao autor nacional. Havia grandes autores com obras novas, mas a característica marcante do ano foram os títulos de escritores novos ou menos consagrados. E esse dado é importante para o *Idéias*, e para sua ex-editora.

Afinal, a literatura de um país não se faz só com Machados, Gracilianos e Clarices. Numa era de cultura de massa, não é possível manter a expectativa do surgimento daquele autor seminal, cuja obra é capaz de

O Livro no Jornal

transformar a visão de mundo de cada leitor e definir rumos para várias gerações a seguir. É preciso antes que haja uma grande produção de escritores, digamos, médios, que façam ficção de boa qualidade e consigam atrair público para a leitura de obras que de alguma forma reflitam e problematizem a cultura nacional, a vida e os dilemas das pessoas no país.

A atitude do suplemento em relação ao autor nacional, não é a de valorização em si, como se outra literatura estivesse sendo privilegiada ou a brasileira sendo criticada, mas sim de que é preciso que as editoras criem espaço para esse autor poder aparecer e o leitor, conhecê-lo. Nota-se uma postura de apoio, e não de defesa como vimos em *Le Monde des Livres*. É quase uma demanda do mercado que se expande e se torna mais exigente; o leitor caminha junto, esperando escritores novos e não tão conhecidos. E o retorno que as empresas tiveram foi satisfatório, afirma a reportagem. Várias editoras, que não priorizavam o aspecto comercial ao lançarem esses livros, se surpreenderam com o sucesso.

Esta grande retrospectiva vem na contramão dos jornais franceses, tanto do *Le Monde*, que afirma que há bons autores novos, mesmo que em número pequeno, como do *Libération*, que acredita que a literatura francesa esteja decadente. Pois o *Idéias* mostra um crescimento na publicação destas obras e o aumento correspondente de público. É o crítico literário Antonio Candido (1985:76,77) quem aponta para a relação estreita entre escritor, obra e público.

Isto quer dizer que o público é condição do autor conhecer a si próprio, pois esta revelação da obra é a sua revelação. Sem público, não haveria ponto de referência para o autor. [...] Por isso, todo escritor depende do público. [...] Escritor e obra constituem, pois, um par solidário, funcionalmente vinculado ao público; e no caso deste conhecer determinado livro apenas depois da morte do autor, a relação se faz em termos de posteridade.

Há uma grande incógnita sobre quem é o leitor brasileiro. Ao mesmo tempo em que se busca conquistá-lo, como afirmou um editor, o mais importante não é apenas saber quem lê e quem compra livros, mas principalmente, quem não lê e não

74 ISABEL TRAVANCAS

freqüenta livrarias. É este leitor em potencial que os editores querem atingir. E a idéia enfatizada pelo suplemento é a de que a publicação de literatura brasileira é um caminho para essa conquista. Segundo a pesquisa de G. Salgado (1995:225) em mais de cem editoras – existem 241 no Brasil –, 54,1% das empresas afirmaram que editam autores nacionais prioritariamente, 29,1% dizem publicar autores nacionais sem priorização e 12,5% só publicam os autores viáveis comercialmente. Refletindo sobre estes dados, concluiremos que muitas editoras publicam autores nacionais, e nesta categoria estão incluídos os mais variados gêneros, de literatura a esoterismo, passando por ensaios e livros infantis. Assim, se analisarmos globalmente, poderemos afirmar que o autor nacional predomina no mercado, o que não necessariamente corresponde à realidade em termos de vendagem.

O caderno *Mais!* também prestigiou a literatura brasileira em suas capas. De cinqüenta exemplares selecionados ao longo dos anos 90, apenas seis tratam da literatura brasileira. Quatro capas apresentam os autores João Cabral de Melo Neto, Antonio Callado, Graciliano Ramos e Rubem Fonseca, as outras duas, a arte concreta (o trio paulista Haroldo e Augusto de Campos e Décio Pignatari) e contos exclusivos dos escritores: João Gilberto Noll, Sérgio Sant'Anna, Marilene Felinto, Modesto Carone, Milton Hatoum e Luiz Vilela. Nesta seleção, a *Folha* tenta abarcar um pouco de tudo. Autores notórios, estrelas paulistas e novos escritores de diversas regiões do Brasil, já que Felinto e Carone são de São Paulo, Sant'Anna, do Rio de Janeiro, Luiz Vilela, de Minas Gerais, Milton Hatoum, do Amazonas e João Gilberto Noll, do Rio Grande do Sul. Além de entrevistas, resenhas e matérias com escritores brasileiros e seus novos livros, o jornal toma a iniciativa de convidar seis escritores para retratarem o Brasil em seus contos. O caderno retoma uma tradição antiga dos suplementos: trazer a literatura, para dentro do jornal e não apenas a sua crítica, e se afirma também como um espaço para a produção artística.

O caderno do jornal de São Paulo alterna em termos de seleção de livros. Se por um lado é pequeno o número de

O Livro no Jornal

capas privilegiando autores nacionais, por outro, o número de livros brasileiros resenhados é grande, sendo a maior parte de literatura, e dentro desta a dedicação maior é para o romance. Por outro lado, o *Mais!* dá bastante destaque para a poesia, como fica expresso nas capas dedicadas a João Cabral de Mello Neto e aos poetas concretos paulistas. O caderno valoriza o projeto gráfico das edições, utilizando trabalhos de artistas plásticos e fotógrafos, e traz para suas páginas uma seleção do que tem sido produzido em termos de literatura brasileira recente.

O Lugar do Escritor

O escritor tem um lugar específico na sociedade, em muitas delas de destaque. Para Antonio Candido (1985:74)

> O escritor, numa determinada sociedade, é não apenas o "indivíduo", capaz de exprimir a sua originalidade (que o delimita e especifica entre todos), mas alguém desempenhando um "papel social", ocupando uma posição relativa ao seu grupo profissional e correspondendo a certas expectativas dos leitores ou auditores.

Na sociedade francesa, o papel do escritor representa prestígio. Ele pode obter notoriedade, se tornando uma figura pública e reconhecida. No Brasil essa notoriedade, em termos de grande público, ainda se restringe a poucos nomes e a autores de *best-sellers*.

Em relação à questão do autor, dois textos importantes têm muito a acrescentar. O clássico *Qu'est ce qu'un auteur?* de Michel Foucault (1969:80) e o artigo "Figuras do Autor" de Roger Chartier (1994), inspirado no primeiro.

Foucault analisa o discurso, o papel e a definição de autor (1996:26). Para Foucault o autor não é o indivíduo que escreveu um texto, mas o autor é entendido como unidade e origem de suas significações. Regra esta que não vigora em todos os domínios.

76 ISABEL TRAVANCAS

Mas nos domínios em que a atribuição a um autor é de regra –
literatura, filosofia, ciência – vê-se bem que ela não desempenha sempre o
mesmo papel; na ordem do discurso científico, a atribuição a um autor era, na
Idade Média, indispensável, pois era um indicador de verdade. [...] Em
contrapartida, na ordem do discurso literário, e a partir da mesma época
(XVII), a função do autor não cessou de se reforçar: todas as narrativas, todos
os poemas, todos os dramas ou comédias que se deixavam circular na Idade
Média no anonimato ao menos relativo, eis que, agora, se lhes pergunta (e
exigem que respondam) de onde vêm, quem os escreveu; pede-se que o autor
preste contas da unidade de texto posta sob seu nome; pede-se-lhe que
revele, ou ao menos sustente, o sentido oculto que os atravessa; pede-se-
lheque os articule com sua vida pessoal e suas experiências vividas, com a
história real que os viu nascer. O autor é aquele que dá à inquietante linguagem
da ficção suas unidades, seus nós de coerência, sua inserção no real.

E é exatamente para trazer esse autor e "sua inserção
no real" que a *Folha* chama escritores para falarem do Brasil,
como é o caso da edição de 10 de abril de 1994, onde cada um
deles apresenta a sua imagem do país. Dramática, irônica ou
amorosa. Estes escritores escolhidos são chamados a assumir
a autoria de seus textos com as suas singularidades. Essa perspectiva do caderno de romper com um modelo preestabelecido
de suplemento literário nos anos 90, onde o espaço está restrito
a reportagens e resenhas, e não há mais lugar para a crítica literária com C maiúsculo, ou para a própria literatura, é congruente
com o estilo do jornal e sua intenção de inovar, de criar. Ele não
optou por colocar trechos do livro de um autor consagrado, ou
best-seller, mas textos pensados para o leitor do jornal.

O escritor e crítico literário François Nourissier (*Corps
Écrit*, 1987), em seu artigo sobre a crítica literária na atualidade,
afirma, que não há mais espaço para ela e denomina conselho o
que dá ao leitor quando escreve sobre um livro. Hoje, há uma
tendência dos jornais de apagarem a crítica e transformarem-na
em uma fórmula que ele chama *plus magazine*[3], porque se

---

3. Vale destacar que esta fórmula significa estilo e texto mais apropriados para
revistas, com uma linguagem mais simples e sem grandes aprofundamentos
teóricos ou críticos.

O Livro no Jornal

menospreza o público acreditando que ele não suportará nenhum comentário ou julgamento crítico.

Os cadernos do *Jornal do Brasil*, *Le Monde* e *Libération* não lançam mão da mesma estratégia do *Mais!*, que inclui a produção literária em suas páginas, e não apenas reportagens e resenhas para atrair o leitor. Leitor pensado como ideal e interessado em literatura. Mas quem seria esse leitor ideal?

Segundo Antonio Candido (1985:76), é para quem o escritor escreve e onde ele acredita que sua "obra encontrará verdadeira ressonância". É o leitor imaginado e desejado pelo autor. Aquele que vai compreendê-lo, e se possível amá-lo. Já para Alberto Manguel, autor de *Uma História da Leitura* (1997:309), o leitor ideal tem uma missão e deve cumpri-la. Ela significa apreender as palavras intimamente e ser capaz de recriar e redefinir o mundo através da página e muito além dela.

Aqui é esperado do leitor um ir além, adiante, para fora mesmo do texto lido, e viver essa experiência. Marcel Proust, ao falar da sua atitude como leitor, aponta para a expectativa do escritor em relação ao seu cúmplice (1988:25).

> Queríamos tanto que o livro continuasse e se possível, ter outras informações sobre todos esses personagens, saber alguma coisa de suas vidas, usar as nossas em coisas que não fossem estranhas ao amor que eles nos inspiraram [...].

Ele "entrou" na obra literária de tal forma que os personagens passaram a fazer parte da sua vida e ele quer continuar esta relação, mesmo depois de lida a última página do romance.

Seria possível fazer uma analogia entre este papel do escritor e sua orientação de leitura e o que o caderno *Mais!* faz em relação aos seus leitores. Ao escolher seis escritores para ocuparem o espaço do caderno com suas produções em mais de uma edição, o jornal está indicando ao leitor a importância de sua obra. E mais do que sugerindo seus livros, ele está fornecendo ao público um pouco do estilo e da forma de cada escritor, acreditando que um suplemento literário ainda pode ser o lugar da literatura e não somente um caderno sobre literatura. Por essa atitude, pode-se dizer que a *Folha* está valorizando a literatura brasileira em suas páginas, aliado ao fato de ter dado capa a importantes escritores. Ela faz o contraponto de autores conhecidos do público e autores novos, menos conhecidos, de quem o caderno publica as obras.

Gostaria de fazer uma observação sobre a questão da figura pública do escritor. Na França, a maior parte dos anúncios de livros publicados nos suplementos estampa uma foto de seu autor. Não são poucas as editoras que agem assim. Desta forma, o autor é reconhecido pelo leitor, que identifica o seu rosto. E se isso não acontece, a editora está trabalhando para esse reconhecimento. Pode parecer um mero detalhe ou curiosidade, mas diz muito das diferenças em relação ao leitor no Brasil e na França. Quantas editoras brasileiras ilustram seus anúncios de livros com seus autores? Poucas. E quais os autores escolhidos? Somente aqueles muito conhecidos do grande público, como Paulo Coelho e Jorge Amado. Os anúncios em geral são grandes reproduções das capas.

Outro autor que reflete sobre o papel do escritor é Roger Chartier (1994:46) quando faz um levantamento histórico do escritor e do livro a partir de práticas jurídicas, repressivas e materiais. Ele ressalta que o autor se assume como tal, se faz agente, tanto no livro manuscrito quanto na obra impressa. Ainda que a categoria autor constitua um princípio fundamental de classificação do discurso, ele não obriga a sua existência impressa.

Ele comenta também que para se construir um autor, não basta escrever: é necessário fazer circular os seus textos entre o público. E nesse ponto as transformações são grandes. Desde o final do século XVIII, ao lado da genialidade do criador e da originalidade da obra, há uma apreciação monetária dos textos, remunerados como um trabalho e submetidos às leis do mercado. Chartier também enfatiza que Foucault não estabelece um elo de ligação determinante entre a propriedade literária e a função-autor. A seu ver, a investigação de Foucault pretende, através de uma retrospectiva, realizar uma

O LIVRO NO JORNAL 79

história das condições de produção, disseminação e apropriação dos textos.

Ao avaliarmos a dimensão da literatura francesa e de seus autores nos suplementos, constataremos duas abordagens e dois tratamentos diferentes. *Le Monde des Livres* dá duas vezes capa para Michel Rio, por exemplo e uma para René Belletto, dois escritores franceses da atualidade que não receberam atenção semelhante no *Libération*[4].

Em todas há expressões como o "engenheiro do romance" ou um "verdadeiro jogo sobre a arte do romance". Michel Rio se questiona sobre o papel da literatura e o lugar do romance. Para o escritor

> A ficção, e especialmente o romance, me aparece como um local de liberdade absoluta. O único onde nada obriga a operar segmentações disciplinares do espírito, o único onde se pode misturar justamente saber e imaginário, lógica e irracional, inteligência abstrata e carne, aventuras do pensamento e peripécias do corpo, filosofia e *galipettes*, retomando o termo da citação, e também indivíduo privado e homem público. Isto se traduz evidentemente na escrita por uma mistura proporcional de tons. [...].

Este trecho da entrevista com o escritor revela também o interesse do próprio jornal em buscar definições sobre literatura e romance. Isso não ocorreu apenas neste caso. É como se o escritor fosse chamado a dissertar sobre a escrita e não sobre a obra, fato que não acontece nos jornais brasileiros e nem no *Libération*. Em diversas outras ocasiões há quase uma "teorização" sobre o romance.

O comentário de Michel Rio pode ser considerado herdeiro da visão de Baudelaire sobre o romance e sua enorme possibilidade de liberdade. Para Baudelaire (1970:691),

> O romance, que tem um lugar tão importante ao lado do poema e da história, é um gênero bastardo onde o domínio é totalmente sem limites.

---

4. Todas as matérias são bastante elogiosas e assinadas, as de Rio por Josyane Savigneau e a sobre Belletto de autoria de Pierre Lepape.

80 ISABEL TRAVANCAS

Como muitos outros bastardos, ele não se submete a outros inconvenientes e não conhece outros perigos que não a sua infinita liberdade.

É curioso porque nem o escritor, nem o jornal fazem menção a Baudelaire, como se Michel Rio estivesse afirmando não apenas algo de muito importante, mas novo.

Além dos dois autores citados, *Le Monde* julgou importantes outros escritores franceses de mais renome internacional, como Marguerite Duras, Jacques Prévert e Samuel Beckett. A edição sobre Duras merece atenção, pois na verdade se trata de uma biografia sobre a autora e não de uma resenha ou matéria sobre um livro seu. Biografia esta atacada pelo jornal com toda a força. A matéria que se inicia dizendo que a autora fará oitenta anos em breve[5], e é a escritora francesa viva mais conhecida no mundo. O título da matéria reforça a idéia: "Pour Duras, romancière française". Trata-se de um texto em favor da escritora, que defende sua vida e sua obra e acusa de uso indevido o autor da biografia – Frédérique Lebelley. O texto afirma que a biografia está mais perto do *reality-show* do que de uma "verdadeira pesquisa biográfica". A obra, segundo Geneviève Brisac, é uma "pseudobiografia", que falta com o respeito e trata sem delicadeza uma das grandes escritoras do país. E, a seu ver, "é preciso proteger a obra literária desta escritora única". Assim o caderno faz uma defesa da autora, com uma crítica sem meias palavras ao livro, e apela para os leitores do suplemento, além dos amantes dos livros de Duras, "Os leitores [...] terão bastante mérito se eles tiverem respeito pelos livros, a literatura, os escritores". Dessa forma o caderno reúne vários temas em um só: a literatura de maneira genérica, a literatura francesa e escritor francês.

Novamente se vê a defesa da literatura francesa pelo jornal, valorizando a visão de seus escritores e protegendo-os de obras sobre eles produzidas apenas com interesse comercial. Voltamos para aquele lugar de prestígio dos escritores, cujas vidas devem ser preservadas.

5. O jornal é de 11 de fevereiro de 1994; a escritora morreu em Paris em 1995.

O Livro no Jornal   81

O lugar em que o escritor é colocado, lhe dá um poder legitimado pela sociedade, que é um poder simbólico como define P. Bourdieu (1989:14):

> O poder simbólico como poder de constituir o dado pela enunciação, de fazer ver e fazer crer, de confirmar ou de transformar a visão do mundo e, deste modo, a ação sobre o mundo, portanto o mundo; poder quase mágico que permite obter o equivalente daquilo que é obtido pela força (física ou econômica), graças ao efeito específico de mobilização, só se exerce se for "reconhecido", quer dizer, ignorado como arbitrário. [...] O que faz o poder das palavras e das palavras de ordem, poder de manter a ordem ou de a subverter, é a crença na legitimidade das palavras e daquele que as pronuncia, crença cuja produção não é da competência das palavras.

Quem o *Libération* considerou como escritores franceses importantes nestes anos 90? O que foi expressivo na literatura francesa? Samuel Beckett e Marguerite Duras foram dois destaques entre os notáveis. Foram tema de capa e mais de uma vez entrevistados ou resenhados dentro do caderno. São dois escritores de grande sucesso e também criadores de um estilo seco e pessoal. Ainda que Beckett tenha recebido o Prêmio Nobel de Literatura, sua obra não é considerada de leitura fácil, nem seus textos se tornaram *best-sellers*. Já Marguerite Duras, autora de *O Amante*, não viveu a mesma experiência. Este seu livro foi um sucesso internacional, vendeu mais de um milhão de exemplares no mundo todo, inclusive no Brasil, teve inúmeras edições e a obra virou filme. Entretanto, ao lado de toda essa fama, não é possível se afirmar que a linguagem de Duras seja coloquial e de fácil digestão[6]. Um estilo que não se aproxima em nada dos grandes romances, carregados de diálogos e enredos complicados.

Estas duas escolhas enfatizam o estilo e gosto do *Libération*, – como se pudéssemos imaginar livros que tivessem a "cara" e o gosto dos jornais. E esta característica dos dois escritores remete à afirmação de Régis Debray (1979:298):

---

6. Uma das mentoras da *Nouvelle Vague*, a escritora chegou a fazer o roteiro do filme *Hiroshima, mon amour*, do cineasta Alain Resnais.

"A fabricação do livro pode se padronizar, mas não há por definição livro padrão. A individualidade do objeto é a de seu autor". São autores que não se deixaram levar pela fama, que não passaram a produzir em série ou se "mediatizaram", tornando-se figuras fáceis nos jornais e nas televisões. Hoje estamos vivendo sob o poder dos meios de comunicação de massa e os escritores, como outras categorias, têm consciência da importância da divulgação de suas obras e se transformaram em exibidores de si e de seus textos. É como se os critérios em relação às obras literárias tivessem mudado. O sociólogo (1979:126) cita André Gide, que afirmava que seus objetivos como escritor eram: "Nós apostamos na duração, preocupados unicamente em formar uma obra durável". E Albert Camus, que também não pensava muito diferente: "Se nada dura, nada se justifica". Os escritores viam a literatura como uma missão, cujo objetivo principal era a qualidade da obra. Só permanecem os clássicos, o resto se perde na poeira do tempo. O que Debray enfatiza é como a influência da mídia é determinante na produção e seleção das obras literárias (1979:120). E o escritor tem um papel fundamental nesta nova "era".

> O público virtual do escritor é seu júri de honra. E o intelectual é o ser humano, já o dissemos, que passa a vida sendo julgado, e que cada palavra, artigo ou livro encontra-se sujeito ao veredicto do auditório, entre a vida e a morte, a sagração e o esquecimento. [...] Ele está na essência e a existência sob a dependência dos outros. A quantidade desses "outros" fixará o valor desse "eu".

Ao valorizar Duras e Beckett, *Les Livres* está criticando também os escritores que se expõem excessivamente na mídia. É o caso de Philippe Sollers, que além de escrever em *Le Monde des Livres*, tem seus livros resenhados e elogiados por aquele jornal, e é presença freqüente na televisão. O *Libération* afirma que o que o escritor diz na TV e nos jornais faz parte de seu trabalho, pois ele é uma personalidade do mundo literário antes de ser escritor. O jornal dá um tratamento bastante particular a Sollers. Ele foi capa em 14 de janeiro de 1993 e tema de matéria em 5 de abril de 1990. Nas duas a ironia é a

O LIVRO NO JORNAL

marca, inclusive dos títulos. "Plongée dans le système Sollers" e "Le Sollers a rendez-vous avec la Une"[7]. Na primeira, uma brincadeira com o sistema solar, que em francês é próximo sonoramente de Sollers, e a segunda é ilustrada por um desenho do Papa e brinca também com o termo. O Vaticano é o tema de seu novo livro e o autor é chamado de "ex-papa" da coleção Tel Quel, bispo da coleção L'Infini. As duas incluem entrevistas com o autor, cujas perguntas já falam por si. "Porque as pessoas o detestam? Na leitura de seu itinerário político é dito: você está enganado muitas vezes. Como escritor, acredita estar enganado? Você é um escritor paranóico?"

O jornal não é condescendente com o autor mas gostaria de poder defendê-lo quando ele luta pela literatura, uma vez que esta vem sendo cada vez mais desprezada pelo mundo. Entretanto, ele e a literatura querem ser vistos pelo leitor como uma coisa só.

Sollers é uma referência e um diferencial marcante entre os dois cadernos franceses. Um que o estima e reverencia e onde ele exerce influência, e o outro que o critica e interroga. Aliás, *Le Monde des Livres* foi assunto de vários artigos na revista *Esprit* (março-abril, 1993), sendo um deles exclusivamente sobre o escritor. Os textos falam da crítica literária na atualidade e do papel dos suplementos. Todos comentam e enfatizam o destaque que o caderno do *Monde* dá a alguns escritores franceses, principalmente a Philippe Sollers. Em um deles, assinado pela redação da revista e intitulado "L'écrivain et la critique à l'heure de la communication", há uma crítica feroz a *Le Monde des Livres* e ao critério de escolha de escritores e autores por parte de sua editora-chefe, Josyane Savigneau (*Esprit*, março-abril, 1993, p.133).

Que Savigneau tenha uma afeição especial pelos livros da editora Gallimard – onde publicou uma biografia de Marguerite Yourcenar –, e principalmente por esses dois escritores (Sollers e Milan Kundera ...Sempre do mesmo editor!) é certamente puro acaso. Mas que ela não leia e só ouça

---

7. *Une* é como os franceses chamam a primeira página do jornal.

esta literatura – e no entanto ela não é a redatora-chefe da *L'Infini*, da *Quai Voltaire* ou de uma outra revista literária, mas a animadora de um suplemento de livros destinado a centenas de milhares de leitores – é perturbador que ela raramente traga outros argumentos que não uma denúncia virulenta daqueles que ousam se ocupar de nossos modernos.

Esta crítica franca e agressiva, apontando as razões para as escolhas dos editores e para as imbricações e envolvimentos destas decisões é muito peculiar da imprensa e do meio literário francês. No Brasil hoje em dia, são raros os "ataques" tão diretos aos suplementos e a seus editores. Entretanto, pode se notar o lugar de destaque dado a alguns escritores, como é o caso dos irmãos paulistas Haroldo e Augusto de Campos no caderno *Mais!* Além de assinarem resenhas e matérias com freqüência, inúmeras vezes são tema de reportagens ou mesmo capa do suplemento, como na edição de 8 de dezembro de 1996 cujo título é "A Poesia Contra o Verso". A edição trata dos quarenta anos do movimento concretista e afirma sua importância no país. Ao lado do fato dos dois poetas serem "personas gratas" do jornal, há o pertencimento do caderno a São Paulo.

O outro artigo, de autoria de Marc-Olivier Padis (*Esprit*, 1993, p.142), "Philippe Sollers: un écrivain d'exception!", se ocupa da obra e da figura desse escritor tido como "predileto" do *Le Monde* e que, segundo o autor, recebe do jornal um tratamento privilegiado e sua obra uma valorização desmedida e injustificada. Para Padis, Sollers tem sido consagrado em vida, o que é uma ameaça para um escritor. Ele, que mergulhou na sua "teoria do escritor", é super exposto na mídia, e declara: "a mediatização é a continuação da subversão por outros meios". O escritor ocupa a cena no teatro literário, utilizando diferentes máscaras, de autor engajado a poeta maldito, passando por profeta visionário e calculador cético. E a atitude de jornais como *Le Monde* em relação a Sollers não ajuda o leitor. A crítica aos suplementos literários se deve, segundo Padis, ao fato de eles não cumprirem seu papel de orientação do leitor, indicando o que deve ser lido.

O Livro no Jornal

Um autor brasileiro que mereceu atenção constante dos dois suplementos nacionais foi Rubem Fonseca. Longe de ter sua influência comparada a Sollers ou mesmo aos poetas concretos, Fonseca não escreve nos cadernos, não exerce influência direta sobre eles, apenas a sua obra e a sua pessoa são sempre fonte de reportagens ou resenhas. Talvez, sua atitude de pouca exibição na mídia, evitando aparecer ou mesmo promover sua obra, atue de forma eficaz sobre a curiosidade dos jornalistas. Diversas vezes ele foi capa do *Idéias* e do *Mais!*

Cânones

Creio que a problemática dos cânones pode ser eficaz para entender a construção destes cadernos e poder traçar seus perfis.

Robert Darnton (1990:145) pensa a questão dos cânones de forma clara e simples.

Os grandes livros fazem parte de um conjunto canônico de clássicos selecionados retrospectivamente, ao longo dos anos, pelos profissionais que se encarregaram da literatura – isto é, pelos críticos e professores universitários cujos sucessores agora desconstroem-na. Esse tipo de literatura talvez nunca tenha sequer existido fora da imaginação dos profissionais e seus estudantes.

É como se existisse uma grande enciclopédia literária sendo construída pela elite intelectual, que indica o que deve ser selecionado e o que deve ser excluído, apontando o que deve ser lido e permanecer para a posteridade. Muitas vezes os meios de comunicação reforçam estas escolhas, apresentando e reapresentando estas obras para o consumidor, estimulando-o a gostar do já conhecido e do já visto. É inevitável lembrar do caso da própria *Enciclopédia* de Diderot, já citada anteriormente.

A questão das classificações em torno da literatura é muito complexa e polêmica. Para Charles Altieri o cânone é um repertório de invenções e desafios à nossa capacidade de desenvolver gêneros e estilos. Ele tem uma função normativa e outra curadora, estabelecendo regras e parâmetros para o

86   ISABEL TRAVANCAS

trabalho criativo e elaborando uma espécie de gramática. Outro aspecto ressaltado por Altieri (1990:33) é a idealização.

Trabalhos que costumamos canonizar têm a tendência de projetar ideais e os papéis que podemos imaginar para o cânone exigem que consideremos seriamente o papel da idealização na vida social. Ao falar de "idealização" não me refiro à projeção de propaganda, mas sim ao esforço de fazer com que o ato autoral ou algumas qualidades em personagens ficcionais pareçam atitudes válidas com as quais uma audiência venha a se identificar.

O que pretendo avaliar aqui é como esta noção de cânone é importante para cada um dos quatro e em que medida suas matérias e resenhas expressam uma preocupação com a obra "ideal".

Já comentamos que o *Libération* tem grande interesse pela literatura de outros países e lhe dá grande destaque, o que não ocorre com a mesma intensidade em *Le Monde*. Nos anos 90, *Les Livres*, deu grande atenção para a literatura estrangeira e um exemplo disso é que de cinqüenta capas, seis são de escritores franceses, onze de ensaios (de autores franceses ou não), sete sobre o mercado editorial e feiras e 28 capas são de literatura estrangeira, sendo a primeira edição do caderno com o escritor português Miguel Torga. Já *Les Monde des Livres* só escolheu obras estrangeiras para capa de nove dos cinqüenta exemplares selecionados. O caderno *Idéias* abordou a literatura de outros países em treze capas e o *Mais!* em sete. Dos quatro jornais é o *Libération* quem mais valoriza a literatura estrangeira no discurso de sua equipe e na prática, seguido do *Idéias*. Este é um dado interessante que aponta para diversos desdobramentos. Quais as literaturas abordadas e dentro delas quais os seus autores? São escritores já consagrados ou novos autores?

A ênfase nos cânones está presente também nos outros três cadernos. O *Idéias*, por exemplo, deu capa para: Marcel Proust, T. S. Eliot, James Joyce, Honoré de Balzac, Milan Kundera, Hervé Guibert, Albert Camus, André Malraux, John Updike, José Saramago, Ismail Kadaré e Robert Arlt, todos autores estrangeiros. E o *Mais!* selecionou Albert Camus,

O Livro no Jornal

Hervé Guibert, La Fontaine, Kafka, Umberto Eco e José Saramago, entre outros. Há nos dois cadernos um lado dos "clássicos" e tradicionais e uma outra vertente dos "modernos", ainda que esta última com bem menos espaço e poucos autores. Os dois jornais colocaram ao lado dos não tradicionais o escritor francês Hervé Guibert e o *JB* incluiu ainda o argentino Robert Arlt, o albanês Ismail Kadaré, o norte-americano John Updike. Os outros autores poderiam ser reunidos em uma categoria que abarcasse clássicos e cânones, e outra de escritores com grande prestígio e notoriedade como Milan Kundera e Umberto Eco, por exemplo.

O *Libération* aposta na possibilidade de tradução e na capacidade da língua francesa de trazer um pouco de outros mundos tão diversos para a proximidade do público francês. É o caso das matérias que ilustram as capas de 22 de agosto de 1991, 24 de março e 17 de novembro de 1994, que tratam respectivamente da literatura da Eslovênia, da Somália e da Palestina. A primeira matéria tem um texto de três páginas do escritor austríaco de origem eslovaca P. Handke sobre a independência da Iugoslávia, traduzido para o francês. Nela o escritor enfatiza o seu sentimento em relação àquela região.

"Acontece que em minha vida, em nenhuma parte do mundo, enquanto estrangeiro, me senti tão em casa como na Eslovênia." E o autor aproveita a ocasião para criticar a tomada de partido do escritor Milan Kundera em relação à Guerra da Bósnia, através de um artigo publicado no *Le Monde*. Aqui novamente aparece a rivalidade dos dois suplementos. Oposição de posturas políticas e distinção de escritores escolhidos.

A matéria sobre a literatura da Palestina também apresenta uma postura política na escolha. Os dois autores são palestinos e estão exilados na França. Um é poeta, o outro historiador. São amigos mas têm opiniões diferentes em relação à paz no Oriente Médio: o poeta Mahmoud Darwich não acredita nela e o historiador Elias Sanbar acha possível negociá-la. A matéria é tanto sobre os dois autores como sobre suas obras recém-lançadas na França, pela editora Actes Sud e pela Gallimard. No alto da página, a frase do poeta: "Nunca partir, nunca chegar. Seus corações são como amêndoas nas ruas. Os lugares estavam mais vastos do que um céu que já não os cobria." Os dois autores reafirmam a importância dos seus lançamentos na França. Sanbar declara que a história dos palestinos ficou ausente e invisível durante muito tempo.

A outra escolha do caderno *Les Livres* recaiu no escritor somaliano Nuruddin Farah, exilado na Nigéria. Ele rompeu com a tradição oral do seu país e foi publicado na Inglaterra. Seu livro lançado na França é uma tradução do inglês. A matéria é uma reportagem sobre a vida e a obra do autor e não uma resenha crítica sobre seu livro. Há novamente ênfase na relação entre a literatura e sua terra natal. Uma preocupação, me parece, do jornal e não apenas do escritor, de encontrar especificidades e riquezas. Assim como o sentimento do autor em relação ao seu país e seu continente.

> Gosto do calor e da poeira, não me sinto à vontade na Europa. Gosto de compartilhar as alegrias e as dores dos africanos. Escrever é uma questão de vida e morte na África. Pode-se ser morto por um artigo, mas houve épocas em que também foi assim na França.

Libération, ao enfocar um escritor da Somália, busca uma outra literatura, uma outra forma de escritura diferente da francesa e considerada de qualidade. A ênfase não é apenas política, mas está estreitamente ligada ao estilo e ao tipo de texto que o autor produz. Ao mesmo tempo, o jornal associa o escritor e sua obra ao discurso sobre a diferença. E termina a matéria, assinada por Gérard Meudal, declarando: "Ele se tornou um dos poetas mais convincentes do elogio da diferença".

Esta noção da diferença em relação à literatura me faz lembrar a obra de Gilles Deleuze e Félix Guattari (1981:25) *Por uma Literatura Menor*. Uma das primeiras definições que os autores dão para esta literatura menor parece relacionada com o que os suplementos estão trazendo para suas páginas na *rubrique* de literatura estrangeira.

O Livro no Jornal

Uma literatura menor não é a de uma língua menor, mas antes a que uma minoria faz em uma língua maior. No entanto, a primeira característica é, de qualquer modo, que a língua aí é modificada por um forte coeficiente de desterritorialização. Kafka define, nesse sentido, o beco sem saída que barra aos judeus de Praga o acesso à escritura e que faz da literatura deles algo impossível: impossibilidade de não escrever, impossibilidade de escrever em alemão, impossibilidade de escrever de outra maneira.

Esta questão da impossibilidade e da necessidade da escrita está vinculada aos dois tipos de literatura tratados pelo *Libération*. A literatura palestina e a forte necessidade dos dois autores de a produzirem em sua língua, a dificuldade do poeta em escrever em outra língua e o vínculo estreito de Nuruddin com seu país e sua expressão literária. É preciso enfatizar o quanto a defesa da língua está imbricada na questão da identidade e da consciência nacional. Não é à toa que Caetano Veloso, canta em uma de suas músicas, "Minha pátria é minha língua".

No *Le Monde* os escritores estrangeiros valorizados são aqueles de renome internacional. Os destaques de capa foram Anthony Burgess, Nadine Gordimer, Octavio Paz, Nathaniel Hawthorne, William Shakespeare, Oscar Wilde, Fernando Pessoa. Essa pequena amostragem aponta para a ênfase em figuras já consagradas internacionalmente, sendo várias delas parte dos cânones da literatura mundial, como Shakespeare, por exemplo. O intuito do jornal não é apresentar o que há de novo em termos de literatura em países menos conhecidos do leitor ou obras de autores novos e promissores ainda pouco divulgadas na França. O jornal como veículo de massa está ajudando a reafirmar esses cânones.

Vale investigar qual o tratamento dado por *Le Monde* a Shakespeare. O título é "Shakespeare en direct". A ênfase da matéria está no lançamento de uma nova tradução, original e bilíngüe que ressalta a audácia, a crueza e a verdade que fazem desse autor o primeiro herdeiro das tragédias gregas e o profeta da emoção moderna. E mais do que tomar conhecimento do texto, é preciso lê-lo no original, como declara o suplemento na resenha assinada por Philippe Sollers.

90 ISABEL TRAVANCAS

É preciso ler Shakespeare em sua língua, sendo o inglês corrente apenas uma sombra adormecida. As traduções, como para todos os textos que vivem na própira fonte do verbo, fazem o que podem, e envelhecem rapidamente como que para melhor assegurar a juventude perpétua do original. Uma boa edição francesa desse monumento, portanto, que só pode ser bilíngüe. Ei-la afinal.

Esta pequena introdução ao livro reforça o caráter "sacro" desta obra literária. A utilização do termo *monument* só vem reforçar esta idéia. Trata-se de uma obra e um autor acima de críticas. O livro é uma jóia que o tempo não destrói nem corrói, diferentemente do que acontece com as traduções. E aqui há uma aposta no leitor culto e erudito do caderno, que terá conhecimento da língua inglesa para apreciar o texto.

É curioso como ao mesmo tempo que o jornal destaca Shakespeare e sua importância, a tradução não é considerada a leitura ideal ou correta. Os grandes autores, "os cânones" principalmente devem ser lidos em sua própria língua. *Le Monde des Livres*, ao contrário do suplemento do *Libération* não aposta na tradução. Como o texto de Sollers mesmo salienta, há boas e más traduções, o ideal é ler no original.

Livros Brasileiros em *Les Livres* e *Le Monde des Livres*

Nesta perspectiva dos cânones, vou investigar como os jornais franceses abordam os livros brasileiros nos anos 90.

Ao longo desses sete anos o *Libération* escreveu onze matérias, reportagens, resenhas ou notas sobre obras e autores brasileiros. Deu capa para dois livros de literatura: *Os Sertões*, de Euclides da Cunha, em 17 de março de 1993, e *Quincas Borba*, de Machado de Assis, em 12 de abril de 1990. Além desses Paulo Coelho também foi tema de capa de *Les Livres*.

As duas matérias sobre Euclides da Cunha e Machado de Assis são assinadas por Mathieu Lindon, que demonstra conhecimento sobre o tema do livro – a Guerra de Canudos – e a vida do autor. A capa é ilustrada com o desenho de um casal camponês de costas e o título é "La révolution de granit".

O Livro no Jornal

Nas duas páginas internas há uma grande foto dos "rebeldes" de Canudos e uma ilustração do rosto de Euclides da Cunha. O texto começa explicando o que é o livro.

Mais do que um romance, mais do que uma reportagem, que um relato de guerra, que um ensaio sociológico, histórico, político, etnológico, geográfico, militar, climatológico ou geológico: é uma mistura de tudo isso que produz definitivamente um livro com uma forma estranha, uma espécie de livro de explicações, ao mesmo tempo extraordináriamente épico e extraordinariamente austero, onde cada elemento do mundo veria sua existência e seu lugar precisamente justificados.

Há todo um cuidado com os termos em português e com o leitor, dando-lhe o máximo de informação sobre o livro e seu estilo, o que foi a revolta descrita nele, quem foi seu autor, como é o Brasil de que forma o livro apresenta o país. Ao mesmo tempo, o texto salienta que o movimento foi tratado no livro como *la Vendée*, ou seja, uma revolta anti-republicana que desejava restaurar o império, o que para o *Libération* não foi o caso.

A outra grande matéria de capa de *Les Livres* é sobre Machado de Assis, cuja imagem é estampada ao lado do título "Machado, patati et batatas". O exemplar de 12 de abril de 1990 fala do lançamento de *Quincas Borba* na França. O título se justifica na abertura da matéria com a alusão à expressão de Quincas Borba "ao vencedor as batatas", explicada dentro do contexto da obra e acompanhada de comentários sobre o estudo crítico de Roberto Schwarz. O jornal ressalta o fato de Machado de Assis ser mulato, epilético e gago, ter nascido em uma família miserável e se tornado o maior escritor brasileiro, com uma obra irônica e cínica que persegue a burguesia carioca. Vale destacar que a reportagem, além de cuidada, é rigorosa nos conceitos e afirmações e usa palavras em português como "carioca" e "batatas". Isso aponta uma familiaridade de seu autor com o tema e a intenção de aproximar o leitor francês da língua portuguesa e conseqüentemente introduzi-lo na obra.

As outras "notícias do Brasil" no *Libération* repetem em tamanho menor o mesmo tipo de tratamento dos dois escritores. Mereceram resenha ou nota livros de Guimarães Rosa, Nelson Rodrigues, Mário de Andrade, Graciliano Ramos, Clarice Lispector, Darcy Ribeiro e Osman Lins. Destacaria a resenha da obra de Osman Lins por perceber que este autor foi "esquecido" dos suplementos literários brasileiros no mesmo período. Seu livro lançado na França é o motivo da resenha que elogia a diversidade do romance e destaca que *Le Fléau et la pierre* é o quarto título do escritor traduzido para o francês.

Todos os autores brasileiros abordados por *Les Livres* têm lugar de destaque no nosso meio literário e tiveram presença marcante nos suplementos brasileiros. Nenhum deles é um escritor novo ou uma revelação recente, o que se explica pelo fato de as matérias do jornal estarem atreladas a lançamentos. E o mercado editorial francês tem preferido publicar escritores consagrados e não novos talentos, até porque a maioria das traduções é recente e a demanda de literatura brasileira não é muito expressiva.

Le Monde des Livres trouxe para suas páginas, nesta década de 90, os seguintes escritores brasileiros: Jorge Amado (três livros), Zélia Gattai, Lygia Fagundes Telles e Machado de Assis. O único a merecer capa em 14 de abril de 1995, foi Machado de Assis com *Memorial de Aires*. A resenha, redigida por Patrick Kéchichian, ocupa a primeira página do caderno.

Na verdade, estas matérias reforçam uma idéia de Brasil e dão a impressão de uma literatura cristalizada em determinados escritores. A resenha sobre Machado de Assis, intitulada "Machado de Assis au rythme du coeur", começa estabelecendo uma relação entre o escritor, Flaubert, Proust e Henry James ao citá-los em suas ligações estreitas com seus espaços geográficos, como a de Machado com o Rio de Janeiro. Em seguida, o jornal faz uma descrição do contexto histórico do Brasil na época do escritor, apresentando depois uma pequena biografia do autor de *Dom Casmurro*. Antes de comentar o livro, o resenhista cita suas principais obras e a importância da

O Livro no Jornal

publicação em francês. *Le Monde* classifica Machado como um "observador sarcástico e impiedoso dos caprichos humanos", assim como o protagonista de *Memorial de Aires*. Depois de resumir a história e o estilo do escritor, P. Kéchichian termina dizendo: "Com uma arte consumida, um estilo vivo e sem ser pesado, uma construção narrativa ao mesmo tempo muito livre e erudita, Machado de Assis se debruça sobre esse abismo e mostra dele toda a melancólica profundidade".

Jorge Amado é privilegiado pelo jornal com uma resenha sobre *Navegação de Cabotagem* (que enfoca também *Les temps des enfants* de Zélia Gattai), em 28 de junho de 1996, e uma outra resenha, dessa vez sobre dois livros seus – *Conversations avec Alice Raillard* e *Le Pays du Carnaval* – em 13 de julho de 1990. O escritor mais celebrado no Brasil e no exterior foi capa de *Le Monde des Livres* em 27 de setembro de 1985, com uma matéria assinada por Nicole Zand e ilustrada com duas fotos. Nicole Zand escreve sobre literatura estrangeira no suplemento e foi quem redigiu todas as matérias sobre o autor de *Gabriela, Cravo e Canela*.

Zand afirma que este livro são as suas memórias, mas à sua maneira. Sem ordem cronológica, e com uma geografia pessoal do autor e para completar, ressalta a jornalista, o leitor poderá se sentir um pouco perdido, porque o índice traz cerca de dois mil nomes, que ela chama "à brasileira" pelo nome e não pelo sobrenome, como na França. Fato que já é uma demonstração de amizade, para Zand. Mas há exceções. "Fora os com quem não se tem intimidade: Stalin, Kafka, Rabelais, Trotski, etc. A amizade, justamente, é o ponto central da vida de Jorge Amado."

"Lygia chez les lions" é o titulo da matéria de Raphaëlle Rérolle sobre *A Noite Escura e Mais Eu* de Lygia Fagundes Telles. É a única matéria sobre livro de escritor brasileiro lançado no Brasil e em português. Trata-se de uma entrevista e uma crítica do livro, inserindo-o no conjunto da obra da escritora. Lygia é considerada pelo jornal uma figura importante da literatura brasileira, que só começou a ser traduzida na França em 1986. O texto apresenta uma biografia, relacionando a vida

94 ISABEL TRAVANCAS

da autora com sua obra – para escapar ao destino declarado
pela mãe, depois de seu primeiro livro, de que ela permanece-
ria solteira, Lygia parte em busca de uma profissão.

Após a leitura das matérias sobre os escritores brasileiros destacados por *Le Monde* pode-se dizer que é pequeno o
espectro da literatura brasileira no jornal, pelo número reduzido
de matérias e também pelos autores escolhidos – os mais tradicionais. Esta seleção reforça um clichê em relação à literatura produzida no Brasil mais do que lança um novo olhar. É
possível vislumbrar algo semelhante ao que Paul Dirkx (1996: 12)
detectou em *Le Figaro Litteraire* sobre a literatura belga, no
período de 1944 a 1960.

Os redatores do *FL* ressaltam os aspectos mais conhecidos, mais
oficiais e mais escolares do passado da "literatura belga", e é esta seleção que
é susceptível de produzir no leitor uma impressão geral de envelhecimento
dos agentes e das obras. Mesmo que o leitor leia resenhas de obras
contemporâneas, a imagem que ele guarda mais facilmente da produção literária
belga francofônica não será da atualidade.

Livros Franceses no *Idéias* e no *Mais!*

Os jornais brasileiros dedicaram muito mais espaço e
atenção aos livros franceses do que os franceses aos brasileiros. Por outro lado pode-se afirmar que a literatura francesa
não é preponderante nos suplementos brasileiros, ao contrário
de seus intelectuais e pensadores, que permanecem com grande prestígio junto à imprensa. Ao longo desta década o *Idéias*
fez sete capas com escritores franceses nas cinqüenta edições
selecionadas, além de mais de dez matérias sobre livros de
literatura francesa. Foram para primeira página: M. Proust,
Hervé Guibert, A. Camus, A. Malraux, M. Kundera e H.
Balzac[8]. Blaise Cendrars, A. Camus, M. Kundera, Benjamin

8. Um comentário sobre o escritor tcheco Milan Kundera. Ele se naturalizou
francês, escreve naquela língua e é traduzido para o português a partir dela.

Constant, J. Genet, M. Duras, François Mauriac e Simone de Beauvoir foram tema de reportagens e resenhas. O caderno publica uma seção intitulada "Lá Fora" que diversas vezes tratou de lançamentos ou do mercado editorial na França.

As principais capas de escritores franceses são na realidade matérias sobre eles e sobre correspondências ou biografias. Albert Camus é um autor que teve grande destaque na capa em 7 de janeiro de 1995. O jornalista João Domenech Oneto é o autor do texto da primeira página, na qual relaciona vida e obra, uma vez que *O Primeiro Homem* é um romance autobiográfico. O jornalista se mostra um leitor interessado na obra de Camus e destaca o fato de ser uma autobiografia de grande sensibilidade e um dos mais emocionantes relatos da literatura.

O que se destaca no material sobre Camus é o papel e a dimensão dada à subjetividade no caderno *Idéias*. Da mesma forma que nos suplementos franceses, há uma afirmação da escolha feita pelo jornalista, há uma ênfase no seu gosto e é este "gosto" que define o tema e o autor. Não quero com isso dizer que a leitura da obra não seja pertinente, nem que o escritor francês tenha sido capa do caderno apenas por uma preferência pessoal. Camus é um escritor de renome, e recebeu o Prêmio Nobel. Quero destacar o espaço dado à predileção do jornalista por esse autor. Não houve nenhuma intenção de se redigir um texto "objetivo" mas, apresentar um material impregnado de subjetividade e de amor à obra.

É um salto no tempo em termos de estilo dentro da imprensa, que antes se obrigava a demonstrar objetividade e isenção acima de tudo. Hoje cada vez mais se reavalia esta postura, na medida em que se percebe que não há objetividade nem isenção completas, porque o homem é construído de subjetividades. A diferença está exatamente em lançar mão delas e fazer o melhor uso possível. Tudo isso dentro dos critérios de ética e profissionalismo. Algo semelhante ao que a antropologia diz a respeito de quem vai estudar e pesquisar a sua própria sociedade ou grupo. Gilberto Velho (1987:123) afirma:

96   ISABEL TRAVANCAS

Uma das mais tradicionais premissas das ciências sociais é a necessidade de uma "distância" mínima que garanta ao investigador condições de "objetividade" em seu trabalho. Afirma-se ser preciso que o pesquisador veja com olhos "imparciais" a realidade, evitando "envolvimentos" que possam obscurecer ou deformar seus julgamentos e conclusões. [...] A noção de que existe um envolvimento inevitável com o objeto de estudo e de que isso não constitui um defeito ou imperfeição já foi clara e precisamente enunciada.

Essa mesma noção de envolvimento pode também ser aplicada à imprensa e aos seus jornalistas, da mesma forma que os próprios veículos de comunicação hoje em dia assumem a impossibilidade de neutralidade e esfacelam esse "mito" no próprio texto.

Por outro lado, a afirmação do gosto pessoal no texto jornalístico tem uma função importante junto ao leitor no sentido de apontar caminhos e indicar obras e escritores. O *Idéias* se coloca neste lugar que Antonio Candido (1985:77) chamou de "lideranças do gosto".

Um público se configura pela existência e natureza dos meios de comunicação, pela formação de uma opinião literária e a diferenciação de setores mais restritos que tendem à liderança do gosto – as elites. O primeiro fator envolve o grau de ilustração, os hábitos intelectuais, os instrumentos de divulgação (livro, jornal, auditórios, etc.); o segundo e o terceiro se definem automaticamente.

Simone de Beauvoir e Jean-Paul Sartre são o tema da biografia de Bianca Lamblin intitulada *Memórias de uma Moça Mal-comportada* e capa do caderno do *Jornal do Brasil*, de 5 de novembro de 1994. A matéria de Luciana Villas-Boas, conta a história do livro escrito por uma ex-aluna de Simone de Beauvoir, que se tornou companheira dos dois intelectuais. Luciana discute a questão da privacidade do artista e o respeito à sua intimidade. E afirma que há uma crescente exploração da vida privada de personalidades através de inúmeros livros, na maioria de sucesso. Isso demonstra que há um público curioso da vida privada dos notáveis. A importância da intimidade

O Livro no Jornal   97

foi investigada pelo sociólogo americano Richard Sennett (1988:347), em seu livro *O Declínio do Homem Público – As Tiranias da Intimidade*. Sennett afirma que as transformações ocorridas nas sociedades ocidentais geraram uma nova mentalidade que valoriza o privado e despreza o público. E, a seu ver, os meios de comunicação têm um papel importante neste processo.

O interesse compulsivo na personalidade daquele que se apresenta em público cresceu no século XIX, entre aquelas vastas platéias urbanas que iam ao teatro ou às salas de concerto em número maciço. [...] Os meios de comunicação modernos retiraram esse interesse da arena de uma classe – a classe burguesa – e fizeram dele uma conseqüência tecnológica para todas as pessoas que assistem a eles sem se preocupar com seu estrato social. A percepção da personalidade é a lógica da igualdade, num meio de comunicação que não pode fazer perguntas ao receptor.

Nada expressa melhor esse interesse pelas biografias de personalidades, muitas vezes resultado de objetivos comerciais bastante discutíveis. É interessante neste caso, a semelhança de atitude de *Le Monde des Livres* quanto ao livro sobre Marguerite Duras e a do *Idéias* em relação à obra sobre o casal francês. A resenha não poupa em nada a autora de *Memórias de uma Moça Mal-comportada*.

Para os benevolentes, *Memórias de uma Moça Mal-comportada* é um livro complicado. Para os mais duros, um livro canalha. Como não tem qualidade literária, o que há para discutir é o valor de sua interpretação das personalidades de Simone de Beauvoir e Jean-Paul Sartre: se a autora, Bianca Lamblin, com suas revelações, contribui para a compreensão da obra do casal – desde que se parta do princípio de que o desempenho sexual do filósofo não é da conta dos leitores.

O jornal apóia a publicação de obras de qualidade literária e biografias com uma pesquisa que as sustente. Do contrário, trata-se de esperteza para vender livro à custa de terceiros.

O *Idéias* aborda a obra do jovem escritor Hervé Guibert em 11 de fevereiro de 1995. O centro da matéria "Literatura e Aids" é o romance-testamento do escritor morto em 1991, que escandalizou o público. Primeiro pela coragem de seu conteúdo e, pelas indiscrições sobre o filósofo Michel Foucault.

O fato de Hervé Guibert ser um autor que o *Libération* privilegiou nesta década como um representante do novo romance francês, tendo sido capa de *Les Livres* e tema de mais de uma resenha e matéria, demonstra a influência da atitude crítica do jornal francês e da crítica daquele país no suplemento brasileiro. Ressalto também que *Le Monde* fez crítica elogiosa da obra de Guibert. Trata-se do único autor novo francês que ganha espaço nos cadernos brasileiros. Também no *Mais!* como veremos adiante. Os outros romancistas valorizados por *Le Monde* como Sollers, Le Clézio e Rio, não foram comentados nos suplementos brasileiros. Apenas Sollers foi tema de reportagem no caderno anterior ao *Mais!*, o *Letras* de 1 de fevereiro de 1992.

Idéias destaca dois pontos centrais para a atração do leitor por este tipo de livro. O primeiro é o que atrai o tipo *voyeur*, que quer saber da vida privada de personalidades e neste sentido, o livro supre o público com informações sobre Michel Foucault e Isabelle Adjani. Por outro lado, o livro pode seduzir quem procura na literatura relatos de experiências dramáticas em que o leitor é colocado diante da morte. Ele enfatiza o fato de o autor se mostrar sem pudor nas páginas de *Para o Amigo que Não me Salvou a Vida*, tanto a si próprio quanto a seus companheiros e amigos. E é neste momento que são produzidos os piores trechos do livro, que foi considerado pela crítica francesa o relato mais cru e sincero já publicado sobre a Aids, segundo o caderno do *Jornal do Brasil*.

A questão da Aids na literatura vem sendo muito discutida. Elaine Showalter (1993:263) analisa seu impacto na literatura e compara com o que ocorreu em relação à sífilis. No caso da Aids há duas vinculações inevitáveis: uma com o final do século e as transformações desse período e a outra é a questão homossexual e a dimensão da doença neste grupo em particular.

O romance de Fernandez *La Gloire de Paria* (1987), que foi descrito como o romance francês que apresentou pela primeira vez "le SIDA en littérature", é uma dessas obras. Fernandez escreve sobre a AIDS dentro das tradições de decadência do final do século, considerando o homossexual como um pária glorioso, cuja criatividade advém da sua marginalidade. Seu romance mescla visões apocalípticas de decadência e destruição com uma percepção enlevada do homossexual como um eleito para a revolta e o martírio.

O *Mais!* de 20 de março de 1994 escolheu a relação entre a Aids e arte como assunto central. Hervé Guibert é abordado em uma matéria do jornalista Bernardo Carvalho. O texto "Escritores Ficam Entre Militância e Memórias" trata de várias obras que descrevem a doença. Elas estariam divididas em dois tratamentos diferentes: um de militância e outro de autobiografia. A obra de Guibert se insere no segundo caso e é, para Carvalho, um texto singular que conseguiu fugir do reducionismo. "Os verdadeiros escritores tiram dela a força para a criação de uma obra irredutível". Ele acredita que o mesmo foi obtido por Guibert com seu livro *L'ami qui ne m'a pas sauvé la vie*.

Nesta abordagem do texto de H. Guibert não há nenhuma menção ao seu sucesso na França, nem ao escândalo que provocou e muito menos destaca as referências no livro a Michel Foucault ou a Isabelle Adjani.

O *Mais!* também abordou várias vezes a literatura francesa. Ela esteve presente na capa do caderno com os autores Camus, e La Fontaine. O primeiro foi tema de uma grande reportagem – *Barthes contra Camus* – sobre a polêmica entre o escritor e o crítico Roland Barthes.

No exemplar de 5 de janeiro de 1997, a matéria "A Polêmica da *Peste*" traz o texto de Barthes em que ele analisa e critica o livro *A Peste* de Camus. Trata-se de um artigo inédito no Brasil.

Seria interessante comparar o tipo de abordagem e a forma como os dois suplementos brasileiros trouxeram o escritor Albert Camus para suas páginas. O *Idéias* faz uma leitura pessoal e bastante elogiosa tendo como pretexto e tema da resenha o livro recém-lançado. Já o suplemento da *Folha de*

100 ISABEL TRAVANCAS

S. Paulo prefere trazê-lo para o centro de uma polêmica com um intelectual de peso, colocando o leitor dentro do debate ao transcrever a crítica de Barthes, as duas cartas trocadas entre eles e uma resenha de um teórico explicando o assunto. A matéria aponta para a importância de Barthes, considerado um dos críticos literários mais influentes na França e de grande repercussão no Brasil. Curioso em certo aspecto porque destoa da influência do ensaísta na Europa.

O *Libération* publicou na sua edição de 2 de outubro de 1992 o resultado de uma pesquisa sobre os cem franceses mais traduzidos na Europa. Nela Roland Barthes não aparece entre os primeiros cinqüenta. A pesquisa realizada pelo BIPE Conseil, Direction du Livre e Centre National des Lettres, tinha como objetivo saber quais os autores de língua francesa mais traduzidos na Europa, e avaliar a relação entre legitimidade comercial e legitimidade cultural. O resultado mostra que o autor pode ter as duas Marguerite Duras (número um), E. Ionesco, F. Sagan, M. Tournier e J. Green são os autores mais traduzidos. Entre os ensaístas estão J. Derrida, G. Duby, C. Lévi-Strauss e P. Bourdieu. Por outro lado, a França aparece em terceiro lugar na Europa em termos de tradução (17,6%), enquanto que a Espanha traduz 26% e a Itália 25%. Da mesma forma que R. Barthes, o escritor A. Camus também não figura entre os cinqüenta primeiros colocados na pesquisa. Muitos destes autores são sucesso no Brasil e símbolo do prestígio intelectual da França.

La Fontaine, tema da capa do *Mais!* de 9 de abril de 1995 foi considerado "O Poeta das Fábulas". Mereceu uma reportagem sobre sua vida e obra, assinada pelo jornalista Sérgio Augusto, um ensaio de Leyla Perrone-Moisés, crítica literária, a transcrição de um artigo de P. Sollers, publicado no *Le Monde*, e ainda versões novas de sete fábulas realizadas pelos poetas brasileiros. José Paulo Paes, Armando Freitas Filho, Nelson Ascher, Monica Rodrigues Costa, Adélia Prado, Régis Bonvicino e Antonio Fernando De Franceschi.

O *Mais!* apresenta ao leitor as sete novas fábulas, ou como o título afirma: "Velhas Fábulas, Novos Poetas". Aqui

O Livro no Jornal

101

outra vez vemos a *Folha* promover não só a reflexão e crítica sobre o escritor, mas a reescritura de suas fábulas mais conhecidas realizada especialmente para o jornal. Apostando em um novo perfil para os suplementos, não se restringindo a falar de e sobre literatura e já não mais reproduzindo trechos de obras literárias, mas avançando e apresentando uma reescritura da literatura. Reescritura que vai apontar para a percepção da obra de arte como original, única, com uma "aura" e com as inovações técnicas que possibilitam reproduzi-la gerando uma reestruturação na própria definição de obra de arte, como escreve W. Benjamin (1993). Ao mesmo tempo, é possível fazer uma outra leitura da atitude do suplemento ao solicitar que textos clássicos sejam reescritos por poetas da atualidade. Para Marici Passini (1993:20), "A reescritura dá a uma obra o estatuto de modelo apenas para destituí-la logo adiante". Na medida em que os próprios conceitos de original e cópia se tornaram mais fluidos na modernidade. "Tudo é simulacro", afirmava Jean Baudrillard (1986). Essa dessacralização do texto literário que o jornal vai provocar é uma percepção de que o texto não está acabado e pronto para a eternidade. Ao contrário, sua riqueza está na possibilidade de lê-lo sempre e de poder transformá-lo, como ressaltou Jorge Luis Borges (1991:67).

> Pressupor que toda recombinação de elementos é obrigatoriamente inferior a seu original é pressupor que o rascunho G é obrigatoriamente inferior ao rascunho H – já que não podem existir senão rascunhos. O conceito de texto definitivo só corresponde à religião ou ao cansaço.

As duas resenhas de Perrone-Moisés e de Sollers, vão enfocar o fato de La Fontaine ser *clássico*. Ele foi menosprezado durante um certo período; discutiu-se sua veracidade e sua moral. Sollers transcreve inúmeros trechos de obras do autor destacando sua beleza e profundidade. A ensaísta brasileira termina seu artigo comentando a obra de La Fontaine. O caderno *Mais!* reúne várias vertentes publicando clássicos franceses de literatura e ensaio, além de trazer uma proposta criativa a partir da obra de um autor canônico como La Fontaine.

Eventos do Mercado Editorial

Um tema que é considerado importante por todos os cadernos e sempre mereceu capa, além de grandes matérias e/ou números especiais, são os eventos do mercado editorial como as feiras, por exemplo: Feira de Frankfurt, Bienais do Livro do Rio de Janeiro e de São Paulo e o Salon du Livre em Paris. Este fato demonstra o quanto os suplementos valorizam estes eventos e como eles estão imersos na lógica do campo jornalístico com a obrigatoriedade de cobertura dos mesmos. Ao mesmo tempo em que os eventos se repetem periodicamente e poderiam implicar uma cobertura pouco criativa ou rotineira por parte dos jornais, estes aproveitam para fazer uma reflexão sobre o mundo dos livros, e eventualmente sobre si mesmos. Os quatro jornais dão destaque a essas feiras, cada um dentro de suas particularidades e fazem capas de grande efeito visual.

As feiras são acontecimentos fundamentais no calendário do mercado editorial. Nelas se encontram reunidos editoras nacionais e internacionais, os diferentes profissionais ligados ao livro e o público leitor. Para Gustavo Sorá (1994:17),

> O espaço das feiras se configura por estandes ocupados majoritariamente por editores e as bienais representam âmbitos de definição, institucionalização, inegociação e disputa de interesses dos editores. Mas por ser o maior evento público do mundo dos livros no Brasil, também incentiva a produção de outros estamentos envolvidos na produção e circulação: livreiros, distribuidores, gráficas, tradutores, agentes literários, bibliotecários e autores.

As feiras são local privilegiado de realização de negócios, compra e venda de direitos de publicação, espaço de divulgação de empresas e obras, e também de reconhecimento público de livros e autores. E a imprensa vai ter um papel fundamental na divulgação dos lançamentos, autógrafos e atividades das feiras. Vale lembrar que nas feiras algumas empresas jornalísticas têm estande próprio e fazem a distribuição gratuita de exemplares dos suplementos literários ao público, como ocorreu, por exemplo, no Salon du Livre de março de 1996 em Paris, quando foi distribuído o caderno *Le Monde des Livres* sobre o Salon.

O Livro no Jornal

Nas edições sobre as feiras o *Libération* privilegia a reportagem, característica do caderno que dá grande espaço para matérias jornalísticas e grandes entrevistas, além das resenhas. O jornal evidenciou isso no número de 22 de março de 1990, com três grandes reportagens: uma sobre a editora Gallimard e sua crise familiar e empresarial, a edição nos Estados Unidos e a crise dos conglomerados e a edição na Hungria, Tchecoslováquia e Polônia, região tema do Salon e capa do caderno.

Este caderno em especial sublinha uma intenção declarada nas entrevistas do seu editor e repórter, que é um enorme interesse pelo que acontece nos meios editoriais fora das fronteiras da França. Nesta edição há uma grande matéria sobre o mercado editorial nos Estados Unidos, particularmente em Nova York, com a mesma ênfase na literatura e na qualidade. Ela é assinada pelo enviado especial François Sergent. Na grande reportagem de três páginas sobre a Pantheon Books, filial da editora Random House e seu editor André Schiffrin, o caderno toma partido do editor que foi demitido depois de 28 anos trabalhando na editora. Editora de prestígio, que foi fundada depois da Segunda Guerra por refugiados antinazistas e que editou Sartre, Günter Grass e M. Duras. Caberia aqui a pergunta sobre o quanto teria a escolha desses autores, particularmente os dois franceses, influenciado e feito parte da construção da trajetória de prestígio daquela casa. A França perdeu a guerra e foi ocupada, mas sua literatura e seus intelectuais continuaram exercendo uma grande influência nos Estados Unidos. É bastante anterior, mas é um exemplo desta influência e da presença americana na França, a obra do escritor Ernest Heminguay, *Paris É uma Festa*. Ela descreve a vida cultural da cidade-luz dos anos 20, muito sedutora e onde despontavam escritores, pintores, jornalistas, que viviam na boêmia da época.

Libération toma partido de André Schiffrin que se recusa a "amputar" o catálogo da editora, por ordem do novo diretor da casa. Aos olhos do milionário proprietário da empresa, que não gosta de perder dinheiro, há muitos livros que vendem muito pouco. Segundo o jornal, o "affaire Schiffrin" é exemplo do tipo de método empregado pelos conglomerados que invadiram a edição. Aqui fica clara postura do jornal de desacordo com estes métodos e que pode ser estendida aos conglomerados que recentemente tomaram conta do mercado editorial francês.

No ano de 1990 a presença dos países do Leste Europeu como convidados de honra foi um dos destaques do Salon e um dos temas do suplemento do *Libération*. A manchete do caderno foi "D'Est en Ouest", e o título da matéria, "Budapest, Prague, Varsovie: à l'Est, il n'y a pas d'Eden". Não há paraíso neste outro lado da Europa. A reportagem aponta as enormes dificuldades que os editores e escritores enfrentavam naquele momento em seus países. Na mesma página, o programa de mesas redondas no Salon du Livre tendo o Leste como assunto. Ao longo da matéria, fica clara a intenção do jornal de dar ao leitor um grande panorama do mercado editorial na Hungria, Tchecoslováquia e Polônia. Quais são as principais editoras de cada um, quais as maiores dificuldades do momento, os títulos mais vendidos, o interesse do público desses três países pelas obras francesas, literatura ou não, e o que pensam os principais editores. Há visões pessimistas e otimistas, há todo o histórico de países comunistas onde as editoras eram controladas pelo Estado e os livros submetidos a uma censura rígida, ou seja um mundo editorial bastante diferente do francês. É feita uma análise, impregnada da subjetividade de seu autor, Jean-Pierre Thibaudat, que nem por isso comprometeu a informação.

O *Libération* costuma utilizar em sua primeira página, (aqui primeira do caderno) uma ilustração de grande apelo visual e/ou uma chamada que faça uma brincadeira, como a capa de outra feira, cuja manchete era: "Passez au salon" (19 de março de 1992). Numa alegoria à idéia de entrada, de recepção em uma festa, onde o desenho que a ilustrava era uma mão carregando um livro.

Les Livres não demonstrou a menor preocupação em fornecer ao leitor um serviço com informações práticas sobre

O Livro no Jornal

o Salon como qual metrô e ônibus pegar para chegar no evento, quais os horários de funcionamento, preço do ingresso, se havia, ou apresentar uma planta com a localização dos *stands*, como os cadernos brasileiros em geral fazem, restringindo-se a matérias grandes sobre dois ou três temas centrais do Salon, resenhas dos livros e notas de lançamentos. Já *Le Monde des Livres* não chega aos detalhes dos jornais brasileiros, mas dá uma listagem de lançamentos com um pequeno resumo das obras e autores e faz uma matéria com palestras, debates e eventos ligados ao Salon na mídia. É uma particularidade do *Le Monde* e da França, dar este destaque para coberturas de rádio e televisão, o que é impensável no Brasil, já que quase não há programas literários ou sobre livros, nem muitas reportagens que cubram as feiras.

O jornal *Le Monde* varia em suas primeiras páginas em relação às feiras. Em alguns exemplares sobre o Salon du Livre, destaca os autores e em outros os temas como história e literatura norte-americana (ano de 1996). Naquele ano os Estados Unidos foram escolhidos como convidados de honra e foram pauta de todos os cadernos, revistas e suplementos, com abordagens variadas. No número de 20 março de 1992, há um grande desenho colorido de Gagnat Serguei, onde dois homens lêem dois jornais em branco com apenas a inicial do *Le Monde* em maiúscula. No alto e em destaque "Le Monde des Livres – 25 ans", e no cabeçalho "Le Monde – special Salon". O jornal resolveu juntar o maior evento do mercado editorial francês com as comemorações pelos 25 anos de seu suplemento literário. Este número, em especial, está muito mais centrado no próprio jornal, na sua história, do que no Salon.

Nesta edição retrospectiva o caderno faz um grande balanço dos temas, gêneros e autores tratados ao longo destes 25 anos de existência. E fica claro muito do que já foi abordado neste capítulo. O romance dentro da literatura é o destaque e os autores franceses – recentes ou não – dividem o espaço com os chamados "clássicos". O outro gênero também muito freqüente em *Le Monde des Livres* foi a história.

106   ISABEL TRAVANCAS

Ela é capa da edição de 18 de março de 1993, ocasião da
abertura do Salon du Livre. A manchete é "Pour Comprendre
l'histoire" e o caderno traz um grande painel do que se tem produzido sobre o assunto. O centro do suplemento apresenta um
artigo do historiador Roger Chartier, colaborador do jornal, onde
ele discute o papel dos historiadores na atualidade e propõe novos desafios.

Há uma série de reportagens sobre a disciplina no mundo e traz matérias sobre a Alemanha, os Estados Unidos, Itália, Israel. O recorte seletivo esboçado pelo jornal apresenta
um universo um pouco mais amplo que a Europa. A presença
daqueles países é mais justificada do que as ausências. Não
entraram os outros países da Europa, URRS, China e Japão,
etc. Mas não há por parte do jornal nenhuma informação a
respeito destas escolhas e sua representatividade.

Os casos em que o jornal reúne, por exemplo, três obras
sobre o Império Otomano e Istambul e as analisa em conjunto,
é uma outra particularidade dos cadernos franceses. Esta é,
aliás, uma prática muito freqüente nos jornais daquele país:
agrupar livros de mesma temática para serem tratados em conjunto. É uma política de não exclusão, na medida em que a
resenha sobre um deles, implicaria uma não publicação de outras sobre os demais (no caso de temas muito específicos), e
por outro lado atende à demanda de leitores interessados no
tema que podem realizar uma leitura comparativa dos lançamentos. Formato que também agrada às editoras já que é sabido que o número de livros resenhados, discutidos ou noticiados
nos suplementos é infinitamente menor do que a quantidade de
livros lançados. A média de livros tratados por caderno no *Les
Livres* fica em torno de trinta a quarenta e no *Le Monde des
Livres* em torno de quarenta, tendo algumas vezes abordado
mais de cinqüenta livros em uma só edição. E a média de livros
publicados por mês na França é de mais de mil títulos. Tal fato
dá uma idéia do abismo e da exigência de critérios para realizar
a seleção. Os jornais brasileiros raramente utilizam esse meca-
nismo de aglutinação de livros, em geral o fazem apenas em

O *Idéias* privilegia a primeira página com uma ilustração números especiais, como nas edições das Bienais, Feiras ou Natal, quando o número de lançamentos é muito grande. A média de livros tratados no *Mais!* fica em torno de 20 e no *Idéias* de 20 a 25, quando o número de títulos publicados por mês no Brasil gira em torno de trezentos.

O *Idéias* privilegia a primeira página com uma ilustração grande, que ocupa 50% da página, sendo o restante um texto de três ou quatro colunas. Na época da Bienal de São Paulo, em 13 de agosto de 1994, escolheu como título "A Bienal da Virada", numa referência às transformações econômicas vividas pelo país e ao "clima de otimismo" por parte dos editores em relação ao futuro do livro no Brasil. Em geral, ao abordar as bienais e feiras de livro o caderno do *Jornal do Brasil* dá uma grande matéria panorâmica sobre o mercado editorial no país, como na edição de 13 de abril de 1994 sobre a Bienal de São Paulo, ocorrida depois do advento do Real, a nova moeda do país. O suplemento afirma que o ano foi ruim para as editoras de um modo geral, mas ressalta a importância da Bienal para o setor, tanto pelo seu tamanho – é a terceira maior do mundo, vindo depois da Feira de Frankfurt e da ABA (American Booksellers Association) – quanto pelo seu papel. O fundamental da Bienal não é a venda direta, mas a divulgação de editoras e obras junto ao universo de adultos e principalmente junto ao público infantil. Esse caderno é especial e uma de suas diferenças é a pequena quantidade de resenhas que apresenta. São duas páginas sobre livros que não estão sendo lançados na Bienal e a coluna fixa do crítico literário Wilson Martins. As outras páginas incluem um grande mapa da feira, com os *stands*, listagem das noites e tardes de autógrafos, dos livros que estão sendo lançados, da programação paralela à Bienal, além de uma grande matéria sobre os lançamentos, agrupados por gênero: história, ficção brasileira, ficção estrangeira, biografia, poesia, economia, política, psicanálise, ensaio, arte, humor, obra de referência, infanto-juvenil, crônicas, filosofia e auto-ajuda. Nem todas as categorias que mereceram destaque nesse número são temas comumente privilegiados pelo jornal.

Alguns gêneros apresentados na edição da Bienal fazem parte da seleção habitual do jornal como história, psicanálise, ficção brasileira e estrangeira ou ensaios. É necessário ressaltar que as categorias ficção e não ficção orientam matérias e dividem a lista de livros mais vendidos. Dois parâmetros que não são utilizadas pelos jornais franceses em nenhum momento. As categorias francesas são basicamente literatura e ensaio. Dentro de cada uma delas há diversas subdivisões. Na lista dos mais vendidos, o que é incluído no grupo de ficção são as obras literárias, e na vertente de não ficção estariam os livros de história, engenharia, de humor, biografias, e, em alguns casos, os esotéricos. No caso deste exemplar do *Idéias*, a categoria esoterismo/auto-ajuda recebeu uma tabela à parte só para avaliar a vendagem deste tipo de livro, o que não ocorre semanalmente no jornal.

Os jornais brasileiros têm por hábito ressaltar números: quantos títulos, quantas editoras, quantos estandes, quantas noites ou tardes de autógrafos, preço dos estandes, estimativa de público e de vendas. Além disso, mostram um mapa das feiras e dão informações gerais sobre horários, como chegar, preço da entrada, além de listarem as atividades paralelas como palestras, debates, e premiações.

Neste número do *Idéias* há diversos anúncios, em tamanhos variados, de editoras, de livros, de eventos, de lançamentos na Bienal, de aluguel de livros. Todos os anúncios consistem em textos pequenos e em alguns há, eventualmente, uma ilustração com a capa do livro. A última página do caderno, sempre preenchida por uma grande entrevista, focaliza em geral um autor de destaque nacional ou internacional que esteja lançando um novo livro. Neste número, o escolhido foi o editor Valdir Martins Fontes, proprietário e fundador da editora Martins Fontes, de São Paulo. O tema da conversa é o funcionamento da editora, seus critérios de seleção de títulos, seus maiores investimentos e o significado da Bienal.

Na mesma página está a coluna "O que Eles Estão Lendo", que neste dia é dedicada aos editores. É uma coluna fixa

O Livro no Jornal 109

que varia de formato, em geral três pessoas dizem o que estão lendo ou recomendam um ou mais livros. Neste exemplar são nove editores do Rio e de São Paulo contando suas leituras no momento. Ao lado do nome de cada um, está uma pequena foto ilustrando. Muitos falam dos livros que estão lendo porque querem ou vão publicar e outros comentam obras de outras empresas. A maioria dos editores escolhidos para falar é de São Paulo, o que não ocorre normalmente na coluna, que é feita basicamente de cariocas "notórios", desde escritores e editores até cantores, artistas, sociólogos, psicanalistas, entre outros. Mais uma vez se nota a idéia de pertencimento à cidade e a seu público por parte dos suplementos. Em relação a esta coluna, é possível perceber interesses pessoais e a rede de relações expressas nos livros recomendados. Muitas vezes são livros ligados à área profissional, outras ocasiões de autores amigos e geralmente uma obra considerada "clássica" também é citada. É um espaço de auto-representação para as personalidades escolhidas. Como se fosse possível situá-las em função de suas recomendações.

Uma ressalva aqui para a publicação das listas de livros mais vendidos. Elas estão presentes nos dois cadernos brasileiros, e nunca apareceram nos franceses. Estes não consideram importante este tipo de informação, permitindo concluir que o que importa para os seus leitores é a crítica dos jornais e as obras por eles selecionadas e não os livros de sucesso. As listas de mais vendidos são publicadas em geral apenas nas revistas semanais francesas.

O caderno *Mais!* da *Folha* também valorizou a capa das edições de eventos, utilizando cores, ilustrações e fotos. No exemplar de 7 de agosto de 1994, por ocasião da 13ª Bienal de São Paulo, o título foi "Leitura em Tempos Reais", uma clara referência à nova moeda no país – o Real e sua influência no mercado editorial. A ilustração era uma grande escada de livros e embaixo uma foto do poeta Augusto de Campos, que estava lançando *Despoesia*, livro que reúne toda sua produção poética desde 1979. Como a editoria de Ciência tam-

110   ISABEL TRAVANCAS

bém ocupa o caderno, a outra chamada na primeira página era sobre James Tomb, um pioneiro da tecnologia militar.

Em relação a este número do caderno *Mais!* é possível observar que os critérios de seleção dos livros e autores se aproximam dos do caderno do *JB*. A diferença maior está no espaço. Um dos destaques é o lançamento do livro *O Tesouro da Enciclopédia Britânica*. Ele mereceu toda a página 3, com a citação de três verbetes inteiros e fotos dos autores dos verbetes: B. Shaw, S. Freud e L. Trótski. O *Idéias* fez um *box* com duas fotos: uma de Freud e outra de A. Burgess. O lançamento do título *Um Caminho no Mundo* de V. S. Naipaul, rendeu meia página no jornal de São Paulo e uma referência com foto no caderno *Idéias* na matéria sobre ficção estrangeira. De maneira geral é possível afirmar que há um olhar muito próximo dos dois jornais para a Bienal de São Paulo. A "leitura" que fazem do evento Bienal e a seleção dos lançamentos mais importantes não apresentam grandes divergências, sendo a maioria das matérias resultado de um consenso sobre títulos e autores. A meu ver, isso reforça a idéia de que os jornalistas comungam de um mesmo *estilo de vida* e de uma mesma *visão de mundo* como são entendidas pela antropologia social.

A Feira de Frankfurt de 1994, ano em que o Brasil foi tema, gerou cadernos especiais tanto na *Folha de S. Paulo*, quanto no *Jornal do Brasil*. Ainda que o tom não fosse de euforia total, o clima de alegria e festa dominou os suplementos dos dois jornais. A capa do *Mais!* é toda colorida, predominam as cores das bandeiras brasileira e alemã (verde e amarelo, e vermelho e preto), com quatro meninos, um negro e um moreno representando o Brasil, e dois louros a Alemanha, com o nome dos dois países se cruzando no centro da página. Vale um comentário sobre a imagem estereotipada com que o jornal apresenta a Alemanha, um país de louros, e o Brasil, de negros, o que é no mínimo esquemático e acentua uma visão limitada dos dois países. O título destaca que a cultura brasileira tomará conta da Feira que é o maior encontro editorial do mundo. A capa do *Idéias* é cheia

O LIVRO NO JORNAL 111

de ilustrações, com uma bandeira brasileira estilizada, letras soltas e bonecos lendo, e o título "O Brasil Vai a Frankfurt". E igualmente mostra a cultura brasileira como o centro das atenções e destaca o fato de a Feira ser a maior do gênero no mundo.

A Feira de Frankfurt não costuma ser capa dos quatro cadernos, mas é assunto de matérias em seu interior, em geral sobre a literatura do país-tema. Mas se a Feira nem sempre merece muita atenção por parte dos suplementos, há um outro evento específico do mercado editorial francês que é sempre abordado por *Les Livres* e *Le Monde des Livres*: a *rentrée littéraire*.

Gostaria de comentar o significado da expressão *rentrée littéraire* que, a meu ver, é uma categoria "nativa" francesa implicando um conceito diferente de tempo. *Rentrée littéraire* significa a volta das férias no que tange ao mercado editorial e está situada geralmente no mês de setembro, podendo também ser entendida como um período que abarcaria os meses de setembro e outubro. Ou seja, para as editoras francesas este é o período mais importante do ano, é o auge de um ano de trabalho. Todos os esforços de produção, publicação e divulgação de uma obra estão concentrados nesta época. Isso porque é a volta das férias grandes de verão, onde a maior parte da população viaja, o mercado editorial entra em recesso e as vendas caem muito. Esse fato é muito importante na estruturação do mercado editorial na França assim como de seus suplementos literários. Todos os editores afirmam que não se pode nem se deve lançar livros nos meses de junho, julho e agosto, porque o retorno será pequeno ou nenhum. E os cadernos acompanham este movimento, reduzindo enormemente seu tamanho e muitas vezes deixando quase de serem cadernos, para se tornarem páginas encartadas dentro do jornal. Por outro lado, as edições da chamada *rentrée* são especiais: apresentam capas de grande apelo visual e maior número de páginas, assim como de anúncios. E os prêmios são concedidos e divulgados também neste período do ano.

Novamente aqui se repete a lógica do lazer, que já tinha se expressado na escolha do dia da semana de publicação dos suplementos, ao contrário do que acontece no Brasil. Para os editores brasileiros, os meses de janeiro e fevereiro são meses mais fracos e de poucos lançamentos, mas não significam meses de parada absoluta, e o mês de dezembro, que em termos letivos já é um mês de férias, é sem dúvida o período de melhores vendas em função do Natal. O que não ocorre na França. O Natal não implica maiores vendas do que a *rentrée*, da mesma maneira que nem sempre os suplementos preparam edições especiais como acontece geralmente com os cadernos brasileiros. Todo esse processo de organização do tempo em períodos distintos e não em meses iguais, mas com peso diferenciado demonstra uma concepção de tempo particular. Segundo Edmond Leach (1974:205), o ser humano não pode experimentar o tempo com seus sentidos, e sim "reconhecê-lo" através da repetição de fatos, do envelhecimento dos indivíduos, e da idéia de velocidade com que o tempo passa.

A regularidade do tempo não é parte intrínseca da natureza, é uma noção fabricada pelo homem que nós projetamos em nosso ambiente para os nossos próprios objetivos particulares. Nós criamos o tempo através da criação de intervalos na vida social.

* * *

Ao fim deste percurso sobre o tratamento de alguns temas nos suplementos franceses e brasileiros, se pode compreender um pouco melhor como se estruturam. Os quatro, como já foi dito, apresentam uma relação estreita com o jornal ao qual pertencem, assim como com a lógica jornalística. Ou seja, os livros são abordados a partir de um crivo inicial isto é, estarem sendo lançados naquele momento. Não é à toa que muitos jornalistas dizem que se a obra não chega ao jornal com rapidez, ela pode se tornar "velha", o que vai inviabilizar a sua divulgação nos cadernos.

O Livro no Jornal 113

Outro ponto importante é a questão do romance como gênero priorizado por todos, ainda que com nuances e algumas diferenças. Se o *Libération* defende o romance enquanto gênero literário, este tem que ser considerado de qualidade pelo jornal, independente da origem de seu autor; *Le Monde*, que também valoriza a escrita literária, vai enfatizar o romance francês da atualidade, fazendo com que o leitor acompanhe o movimento literário francês com assiduidade. Os jornais brasileiros não apresentaram preocupação tão grande com essa defesa do romance nacional, mas com a divulgação da literatura brasileira recente, seja através de grandes reportagens sobre novos autores, ou trazendo para suas páginas a escrita destes autores.

O lugar do escritor na sociedade e sua respectiva valorização também são abordados. Ficou claro como cada suplemento elege os seus prediletos, a partir de critérios próprios de seleção. Mas nenhum escritor teve o destaque que Sollers recebeu de *Le Monde des Livres*, podendo ser analisado como um paradigma de escritor mediático. Autor que se expõe e se utiliza dos meios de comunicação para não só divulgar sua obra como obter prestígio e notoriedade. Não se viu outro autor com tamanha influência nos outros cadernos.

A questão dos cânones trouxe à tona novamente a lógica jornalística que impera na imprensa. Ou seja, autores famosos e personalidades do meio editorial serão sempre "notícia", e conseqüentemente também as suas obras. Há um esforço de alguns cadernos, particularmente *Les Livres* e também dos suplementos brasileiros, de tentar romper com a própria expectativa dos leitores. O caderno que atinge este objetivo com maior intensidade é o do jornal *Libération*, que apresenta escritores desconhecidos do público francês, na sua grande maioria. Ficou claro também o quanto a literatura francesa e os pensadores franceses têm muito mais espaço nos jornais brasileiros, do que o contrário. Os suplementos franceses se interessam basicamente pelos grandes escritores, nunca tratando da produção editorial brasileira em outros gêneros.

Foi inevitável abordar os eventos do mercado editorial nos quatro suplementos, uma vez que estes são extremamente valorizados por todos. É uma ocasião propícia para avaliar a maneira de encarar o mercado editorial de cada um deles. Novamente aqui se pode notar como as especificidades de cada um vão aparecer. Em um evento como o Salon du Livre, o *Le Monde* destacará os livros de autores renomados e estrangeiros mais conhecidos pela sua literatura. *Libération* ao contrário, baseado no "gancho jornalístico" do país tema do Salão, irá investigar a literatura deste país e o que se tem produzido de novo. Os jornais brasileiros, de maneira geral, têm uma grande preocupação em atrair visitantes para as Bienais, uma vez que elas são eventos de venda expressiva de livros. Eles fazem muitas matérias de serviço para facilitar o acesso do leitor apresentando um grande panorama do que está sendo lançado e dando destaque às obras que avaliaram ser mais significativas. O que, como foi visto, demonstrou o quanto *Idéias* e *Mais!* consideram de qualidade as mesmas obras. São os mesmos livros que recebem atenção maior, reforçando a noção de visão de mundo particular dos jornalistas.

3. O Discurso dos Intelectuais

Esse capítulo trata dos depoimentos de 36 entrevistados: dezenove brasileiros e dezessete franceses, que podem ser divididos basicamente em três grupos distintos: os jornalistas (dez brasileiros, sete franceses), os editores (aqui, além dos nove editores e diretores de coleção, incluo as quatro assessoras de imprensa, por estarem mais do lado do mundo editorial) e os quatro acadêmicos (grupo que abarcaria historiadores, sociólogos, antropólogos e críticos literários ligados aos diversos temas, sendo que três escrevem nos suplementos pesquisados e todos possuem várias obras publicadas). Além disso, foram entrevistados uma livreira brasileira e um escritor de romance policial francês, e ambos estariam envolvidos na área editorial. Cabe uma ressalva sobre esta divisão elaborada a título de melhor compreensão do grupo, mas na realidade as fronteiras entre as atividades profissionais são muito tênues. Vários jornalistas têm seus livros publicados, há um editor de instituição universitária com perfil acadêmico, para citar apenas alguns.

A faixa etária do grupo é bem abrangente de trinta a setenta anos, sendo mais jovens os jornalistas trabalhando em editoras e os mais velhos, dois críticos literários e um editor. Desse total, 22 são homens e catorze mulheres. Uma curiosi-

116 ISABEL TRAVANCAS

dade: ocupando a função de assessor de imprensa tanto no Brasil quanto na França só há mulheres. O que merece um comentário. Antes de mais nada, a profissão de jornalista, nos dois países, vem se tornando uma profissão predominantemente de mulheres. Ao lado disso, os homens, mesmo que em menor número, ocupam posições de controle e prestígio com maior freqüência do que as mulheres. E também há as áreas consideradas pelo senso comum, e mesmo pelos entrevistados, como áreas "femininas", e a literária é uma delas. Novamente não nos postos-chaves, ainda que o número de mulheres à frente de editoras venha crescendo, mas em posições de menor prestígio ou destaque. Seria possível pensar em uma escala dentro do mundo editorial onde um chefe de coleção ou um editor tem mais prestígio e *status* que uma assessora de imprensa. Na realidade, esse setor vem apenas reproduzir uma situação que ocorre na sociedade como um todo e em algumas profissões em particular, como as que têm as mulheres como maioria. Mas seria necessário um maior aprofundamento nesta questão para avançar nas conclusões[1].

Ainda que no grupo brasileiro as entrevistas e mesmo o mundo editorial e os suplementos escolhidos estejam no eixo Rio-São Paulo, são inúmeros os casos de pessoas de outros Estados. Situação semelhante ocorreu entre os entrevistados franceses. Muitos não nasceram em Paris, capital e centro cultural do país, onde estão situados os dois jornais escolhidos para objeto de pesquisa. Mas ao contrário do que ocorre na França, em que na maioria dos casos os indivíduos deixam sua região natal bem mais cedo, indo para Paris começar seus estudos universitários, no caso dos brasileiros, muitos se deslocam depois da conclusão da faculdade e a partir do primeiro emprego. Ou seja, a escolha profissional foi fator importante na mudança geográfica. Os entrevistados residem e trabalham

---

1. Para discussões sobre o tema ver: Lena Lavinas, "Aumentando a Competitividade das Mulheres no Mercado de Trabalho", *Estudos Feministas*, Rio de Janeiro, vol. 4, nº 1, 1996. E a revista *Pagu*, produzida pelo Núcleo de Estudos de Gênero da Unicamp, Campinas.

O Livro no Jornal 117

no Rio ou em São Paulo, com uma única exceção de um jornalista que mora no Paraná, mas trabalha para um jornal paulista. No Brasil, o Estado principal de origem de vários intelectuais pesquisados é Minas Gerais, e permite algumas inferências. Este Estado do país sempre se caracterizou por uma tradição de expressiva produção literária e jornalística. Basta lembrar os escritores mineiros de mais destaque como Carlos Drummond de Andrade, Rubem Braga, Autran Dourado, Cyro dos Anjos, Paulo Mendes Campos, Fernando Sabino, Otto Lara Rezende, entre outros[2]. Já na França não houve uma região privilegiada e sim uma dispersão, tendo como ponto comum regiões mais próximas de Paris.

Em termos de escolaridade todo o grupo possui ao menos um título universitário. Muitos freqüentaram mais de uma faculdade e principalmente os acadêmicos têm inúmeras pós-graduações, tanto no seu país de origem, quanto no exterior. São professores de universidades de prestígio como USP, UFRJ e UFF e EHESS e Collège de France. Vários deles acumulam cargos de pesquisador em instituições públicas ou particulares como CNRS e Fundação Casa de Rui Barbosa, entre outras.

Em relação às suas famílias houve uma mudança, tanto em termos geográficos, como de escolaridade, ainda que muitos venham de famílias de classe média ou média alta. Por outro lado, são freqüentes os casos em que o próprio meio familiar teve importância fundamental, não apenas na escolha profissional como na vocação para leitura. A editora da Record e ex-editora do caderno *Idéias*, Luciana Villas-Boas, é filha de jornalistas e teve contato com os livros desde cedo. Mathieu Landon, jornalista do *Libération* e escritor, é filho de Jêrome Landon, proprietário e editor da Editora Minuit, e conviveu com o mundo dos livros e com autores como Samuel Beckett e Marguerite Duras. De maneira nenhuma quero determinar a trajetória destes indivíduos em função apenas de sua origem

2. Humberto Werneck, *O Desatino da Rapaziada*, São Paulo, Companhia das Letras, 1997.

familiar ou social, mas é inegável a importância de valores como instrução, leitura e conhecimento para suas famílias. Valores estes muitas vezes reforçados na própria profissão dos pais (jornalistas, escritores, editores). Além disso, vale lembrar que no Brasil e na França as editoras são, na maioria das vezes, empresas familiares. Familiares desde o nome como Gallimard, José Olympio, Calman-Lévy, Rocco. Além do fato de que muitas e tradicionais empresas estão no poder da mesma família há várias gerações como Record, Nova Fronteira, Gallimard e Seuil. E nem sempre os herdeiros conseguem manter o patrimônio e/ou estão a altura dele. A própria história da Gallimard é uma história de conflitos familiares. O que vem reforçar o estilo de empresa editorial tão comum e ao mesmo tempo apontar para um lado romântico e em um certo aspecto amador e pouco profissional deste meio. Muito diferente do estilo de empresas editoriais americanas, cujo editor tem que ter competência para alcançar o posto e não necessariamente laços familiares. E na maioria dos casos a escolha dos títulos está profundamente marcada por uma prioridade financeira e não intelectual ou literária.

Outro dado interessante é que, embora esses indivíduos não formem um grupo no completo sentido do termo, muitos se conhecem e se relacionam entre si. Na grande maioria dos casos, em função das atividades profissionais que possibilitaram a construção de relações pessoais. Muitos estudaram juntos, ou trabalharam na mesma empresa durante um período, ou travaram contato em função do trabalho. O contrário também pode ser dito. Há inimizades visíveis, além de rivalidades decorrentes da posição social de cada um, seja por estarem em empresas concorrentes, seja por estarem em situações opostas, no caso editores e críticos.

O conjunto de entrevistados pertence ao universo de camadas médias-altas urbanas. Partindo da definição de camadas médias como algo mais abrangente e complexo do que meramente a classe social, considero possível, como afirma Tânia Salem (1985:4), encontrar semelhanças e parâmetros entre os indivíduos deste grupo.

O Livro no Jornal 119

Um aspecto nesse sentido é a presença das ideologias individualistas presentes neste *ethos* e a origem da entrada dessas pessoas na profissão. Mesmo entre os que têm um vínculo familiar com ela, um pai jornalista ou editor, há uma ênfase na escolha pessoal. Muitos não aceitaram essa decisão de início e tentaram outras ocupações, mas acabaram decidindo e fazendo o que desejavam. É inegável o papel desses laços de parentesco e de sua influência sobre os informantes, mas o discurso demonstra uma vontade pessoal e não uma atitude conformista ou automática em relação à atividade profissional.

Penso não ser possível falar em termos de grupo de forma absoluta, na medida em que são pessoas de dois países diferentes e de ocupações distintas. O que há de comum entre todos é possuírem uma relação estreita e direta com o campo editorial e literário de seus respectivos países. Talvez seja possível falar em "grupos de *status*" no sentido weberiano do termo e não em classe, já que esta aponta para qualquer grupo de pessoas que se encontre na mesma situação de classe. Situação de classe compreendida como "oportunidade típica de um suprimento de bens, condições exteriores de vida e experiências pessoais" (Weber, 1979:63). As classes são criadas em função do interesse econômico. Já os chamados "grupos de *status*", segundo Weber, são formados por homens "cujo destino não é determinado pela oportunidade de utilizar em proveito próprio bens e serviços no mercado" (Weber:65). Resumidamente, a noção de classe terá um aspecto prioritariamente econômico e os "grupos de *status*" estarão mais ligados ao aspecto social. Mas nem sempre os conceitos são tão rigidamente delimitados. Há mescla de situações de classe e de *status* na maioria das vezes – ainda que a situação de classe predomine, como afirma Weber (1979:76).

E hoje em dia, a situação de classe é de longe o fator predominante, pois logicamente a possibilidade de um estilo de vida que se espera dos membros de um grupo de *status* é normalmente condicionada economicamente.

Ser Intelectual

Na verdade, creio que a identidade deste grupo aparentemente tão heterogêneo está expressa na noção de intelectual. Todos os 36 entrevistados podem ser definidos como tal, até porque a definição de intelectual é complexa e abarca um número vasto de ocupações. Quando faço esta afirmação estou levando em conta definições de intelectual como a de Gramsci (1978: 7 e 8), que diz

> Todos os homens são intelectuais, poder-se-ia dizer então; mas nem todos os homens desempenham na sociedade a função de intelectuais. Não existe atividade humana da qual se possa excluir toda intervenção intelectual, não se pode separar o *homo faber* do *homo sapiens*. [...].

Não é por acaso que Gramsci se refere ao literato, ao filósofo e ao artista como tipos tradicionalmente vulgarizados do intelectual. E a seu ver os jornalistas, por se incluírem nas três ocupações se julgam os "verdadeiros" intelectuais. Outro ponto a salientar, ainda dentro da perspectiva de Gramsci, é o fato de ele afirmar que na realidade não há um critério de distinção entre intelectuais e não-intelectuais e que esta distinção não viria da atividade propriamente dita, mas estaria no "conjunto do sistema de relações no qual estas atividades se encontram, no conjunto geral das relações sociais" (Gramsci, 1978:7). Este aspecto leva à questão da identidade deste grupo. Não é o fato de escreverem em jornal, trabalharem em editoras, ou serem professores que vai estabelecer o laço de união entre eles, mas uma *visão de mundo* particular e terem um *ethos* específico. O que não quer dizer que todos pensem da mesma maneira ou se posicionem da mesma forma na sociedade, mas que a maneira de encarar o campo editorial e o objeto livro é muito semelhante, assim como a própria relação com sua atividade profissional.

Antes de detalhar mais quem são estes "intelectuais", gostaria de enfatizar as enormes diferenças entre os dois países – França e Brasil, e o fato de estas diferenças e particularidades não impedirem ou impossibilitarem um trabalho com-

O Livro no Jornal 121

parativo entre os dois universos. O historiador Christophe Charle (*Liber*, 1996) é um pesquisador que enfatiza a importância de estudos comparativos entre grupos de intelectuais de nacionalidades diversas. Segundo o historiador francês muitos pesquisadores não consideram legítimas as comparações em história cultural, por acharem que elas não levam em conta as especificidades de cada contexto cultural, assim como a língua na qual ele se exprime. Christophe Charle (*Liber*, n° 26, março 1996:10-11) apresenta uma alternativa no domínio específico da história comparada dos intelectuais.

Para a história comparada dos intelectuais a questão central é na verdade o exame das condições de possibilidade de uma noção universal designando as atividades simbólicas em cada sociedade.

Para compreender o significado da noção de intelectual e qual o seu espaço de ação política e simbólica, é preciso explorá-la em função das transformações globais das sociedades, dos campos intelectuais e da concorrência com outras formas de ação política. Ou seja, é fundamental se levar em conta o contexto, assim como a tradição intelectual de cada país estudado. Em sociedades liberais, os intelectuais têm um peso diferente do peso em países dominados, assim como em países onde o analfabetismo não foi abolido, a situação dos intelectuais é diversa daquela em nações culturalmente mais "avançadas".

Para a França, assim como para a grande maioria das sociedades européias, a categoria intelectual enquanto entidade autônoma e carregada de capital simbólico e político e não apenas como atividade que se coloca em oposição à atividade manual, se constituiu enquanto tal com o "affaire Dreyfus". É também Christophe Charle (1990) quem salienta este fato em seu livro sobre o nascimento dos intelectuais na França. Para ele, esta categoria nasceu com a polêmica e o julgamento do capitão Dreyfus em 1890, cujo ápice foi a publicação no jornal *L'Aurore* do texto "J'accuse", de Emile Zola, de apoio ao capitão e contra a sua condenação. O conceito designava uma camada política e culturalmente progressista que desafiava o

Estado. Um outro autor que se preocupou em analisar a representação do intelectual na França a partir do "affaire Dreyfus" foi Jean-François Sirinelli, que junto com Pascal Ory apresentou uma nova acepção para o termo. Originariamente havia duas idéias opostas em relação à identidade do intelectual. A primeira era ampla, social e mais precisamente profissional; a segunda mais restrita, ideológica e mais crítica. No primeiro caso, o intelectual pertence a uma profissão. No segundo ele age em resposta a sua vocação. Para os autores

> O intelectual será um homem do cultural, criador ou mediador, colocado em situação de homem político, produtor ou consumidor de ideologia. Nem uma simples categoria socioprofissional, nem um simples personagem irredutível. Trata-se de um estatuto, como na definição sociológica, mas transcendente por uma vontade individual, como na definição ética e voltada para um uso coletivo (1992:10).

O grupo pesquisado se encaixa perfeitamente nesta definição com a qual se pode estabelecer o ponto comum – o homem do cultural – com estatuto e uma vontade individual, já enfatizados quando se situou o grupo como portador de ideologias individualistas.

Jornalistas, escritores, artistas e políticos se manifestaram publicamente e influenciaram o rumo dos acontecimentos, e a imprensa teve um papel fundamental, ao contrário do meio editorial que se manteve em silêncio, como demonstrou o estudioso Jean Yves Mollier em seu artigo "La presse et l'édition dans la bataille dreyfusienne" (*Revue du Musée d'Orsay*, 48/14(1): 76-85, 1995).

> Se a imprensa foi o reinado incontestado dos conservadores, dos nacionalistas, das ligas e dos monarquistas, o livro foi deixado, abandonado, seremos tentados a dizer, aos simpatizantes da revisão.[...] Nesta delicada situação, os grandes nomes da livraria francesa adotaram uma atitude de reserva.

Depois de todo o processo, o termo não desapareceu e passou a identificar um grupo que se definia por uma visão do mundo social particular, baseada em valores universais. Um outro dado relevante é o fato de que os intelectuais do mundo

O Livro no Jornal 123

literário e universitário se aproximaram das *avant-gardes politiques* e passaram a intervir e influenciar no campo do poder, do qual o movimento estudantil de maio de 1968 é um forte exemplo.

Para Régis Debray (1979), o poder intelectual na França viveu três ciclos distintos: o universitário (1880-1930), o editorial (1920-1960) e o da mídia, que começou em 1968. Hoje estaríamos vivendo o poder dos meios de comunicação e os intelectuais, como outras categorias, têm consciência da importância da divulgação da sua figura e das suas obras.

Voltando ao grupo pesquisado, acredito que todos podem ser nomeados de intelectuais, tanto em termos do que Gramsci considera como tal, como do ponto de vista de C. Charle, e por ser possível estabelecer paralelos entre o grupo francês e o grupo brasileiro para além das especificidades nacionais. A partir da noção de intelectual, delimito outras especificidades como o pertencimento deste grupo ao universo de camadas médias urbanas, entendendo camadas médias como algo mais abrangente e complexo do que meramente classe social, e considero possível encontrar semelhanças e parâmetros entre os indivíduos deste mesmo grupo. A grande maioria é proveniente de uma família de classe média ou média alta com algum interesse ou relação mais estreita com os universos jornalístico e literário. Todos expressam em seus depoimentos um "amor" aos livros e assumem um *parti pris* de defesa do livro e também da literatura em todas as suas possibilidades, seja de informação, conhecimento, entretenimento, lazer ou erudição. E, ainda que com pequenas ressalvas, todos afirmam seu pertencimento à intelectualidade. Acredito que esta identidade não é substantivada; é uma identidade em relação a outras identidades sociais.

Subjetividades

Os entrevistados têm uma rede de relações marcantemente influenciada pela profissão, e por esta identidade in-

124 ISABEL TRAVANCAS

telectual. O que aponta para a idéia de *network* como resultado de escolhas e opções. Ou seja, a ênfase dada nas relações sociais vai privilegiar, através de seus depoimentos, a escolha pessoal. O que não quer dizer que os laços de parentesco sejam pouco significativos ou que as relações de amizade se resumam à esfera profissional. A própria noção de *network* será importante para se entender a construção dos cadernos literários, na medida em que muitos afirmam que a escolha dos resenhistas passa por uma seleção de amigos e de outras relações pessoais do editor e de seus colaboradores.

Não afirmo com isso que os suplementos sejam apenas um lugar de expressão da rede de sociabilidade de quem o produz, mas percebo o quanto ela está presente, ainda que nem sempre explicitada. O que é levado em conta, e reafirmado nos depoimentos, são os critérios de competência e conhecimento do tema tratado no livro para definir a escolha de um resenhista, por exemplo. E na realidade, as escolhas são mais complexas. Há uma série de aspectos extremamente valorizados, como relações pessoais, notoriedade e domínio da escrita. Mas voltarei a este ponto mais adiante.

Alguns informantes são personalidades notórias no meio intelectual, fazendo parte de uma elite. Aqui se faz necessário destacar as fronteiras e nuances entre as elites intelectuais, econômicas e políticas de cada sociedade. No Brasil isso parece mais evidente, uma vez que os jornalistas, de um modo geral, não recebem altos salários, os escritores não vivem apenas dos direitos autorais de suas obras e são raros os editores e pesquisadores que enriqueceram com sua ocupação profissional. É possível afirmar que no Brasil o capital cultural é menos valorizado do que na França e portanto tem menos possibilidade de propiciar um grande aumento do capital financeiro. Há inúmeras exceções. Uma delas é a própria presença na Presidência da República de um sociólogo da USP. Seu capital intelectual possibilitou (além de sucesso financeiro), uma ascensão política.

Apesar das diferenças pessoais e mesmo de nacionalidade, é possível afirmar que praticamente todos os membros

O Livro no Jornal

deste grupo revelaram uma postura individualista em termos de valorização de suas subjetividades pessoais. A escolha, a opinião, o sentimento, a visão particular de cada um em relação à vida em geral e ao livro é extremamente valorizada e ela será determinante na definição e na construção dos suplementos literários, e no caso dos editores no catálogo da empresa. Este dado demonstra a importância da questão do gosto e de como ele é construído em cada segmento da sociedade. É difícil discutir esta noção sem mencionar o trabalho de Pierre Bourdieu e Monique de Saint Martin intitulado "Anatomie du goût" (*Actes*, out. 1976, p. 28). Os dois sociólogos afirmam que o gosto é adquirido pela cultura através da educação e que a ideologia vai "naturalizar" o gosto. Como todas as estratégias ideológicas que se engendram na luta de classes cotidiana, transformam em "naturais" escolhas subjetivas. Como se a fabricação do gosto fosse um processo evolutivo onde se passaria da selvageria à barbárie até alcançar a civilização. É a ideologia que vai adjetivar o gosto, que vai transformá-lo em popular ou aristocrata, por exemplo.

Assim, o que a ideologia do gosto natural opõe, através de duas modalidades de competência cultural e de sua utilização, são na verdade dois modos de aquisição da cultura, o aprendizado total, precoce e insensível, efetuado desde a primeira infância no seio da família, e o aprendizado tardio, metódico, acelerado, que assegura uma ação pedagógica explícita e rápida.

O que fica evidente no discurso dos entrevistados é como eles se consideram capazes de, com suas qualidades pessoais, definir o que deve ser lido e o que não deve. Os jornais lhes deram esse poder de decisão. Não vou entrar aqui ainda na discussão sobre em que medida essas preferências pessoais vão influir no gosto e na construção de um leque literário e cultural de "boas" obras. Tanto *Le Monde* e *Libération*, como *Jornal do Brasil* e *Folha de S. Paulo* acreditam que o papel dos suplementos literários é mostrar ao leitor o que o jornal pensa de diversas obras, valorizando as consideradas de "qualidade literária". Estes quatro jornais não são representativos

126 ISABEL TRAVANCAS

de um gosto "popular" e de um estilo de vida operário, por exemplo. Ao contrário, seus suplementos são veículos de elite, redigidos para a elite. A postura dos quatro é de "defesa" da obra de qualidade, julgada a partir de critérios do próprio caderno e do autor da crítica, do seu gosto pessoal e do seu conhecimento do assunto. Este possui um *status* conferido pela própria empresa. Os depoimentos confirmam este papel do gosto na elaboração dos cadernos.

A seleção é arbitrária, da mesma forma que a seleção dos livros que eu publico na Record é arbitrária. É o meu gosto, o meu palpite.

LUCIANA VILLAS-BOAS, *ex-editora do caderno* Idéias,
editora da Record.

Temos uma reunião por semana, onde discutimos o que lemos, sobre o que temos vontade de fazer e a qual livro vamos dar mais importância. Eu não imponho nada porque não funciona. Portanto, a idéia é dar confiança ao gosto e à escolha do grupo.

ANTOINE DE GAUDEMAR, *editor do* Les Livres.

No que me tange e à crítica é muito simples: só falo ou escrevo sobre o que eu quero, o que eu gosto. Ou eu proponho temas e eles aceitam, ou eles me propõem e eu aceito ou recuso.

CLAUDE MICHEL CLUNY, *crítico do suplemento*
Le Figaro Littéraire.

Em sua pesquisa sobre o gosto, Bourdieu (*op.cit.*) fez um amplo levantamento em duas classes distintas: classe operária e burguesia. E através de um grande repertório de itens culturais ele pôde, não apenas estabelecer as preferências de cada um dos grupos em artes plásticas, música e leituras, mas também observar que há uma idéia do que "deve" ser visto, ouvido ou lido. Quando a pergunta formulada é que tipo de música a pessoa costuma ouvir, "música de qualidade" é a resposta entre os operários. Na verdade, a resposta esboça necessidade de cumprir as regras e ler os clássicos, por exemplo. E ficou comprovado mais adiante que a pessoa não tinha conhecimento destas obras, assim como esse tipo de música não fazia parte de suas preferências. Na realidade, esta cultura "superior"

O LIVRO NO JORNAL 127

é um universo estranho, distante e muitas vezes inacessível a um grupo sem formação universitária. As obras de arte deixam de ser um privilégio de uma minoria para se tornarem um atributo imposto e exigido a todos. E o próprio Bourdieu em seu trabalho cita P. Francastel que estabelece uma relação entre gosto e gastronomia e entre gramática e literatura (*op.cit.*).

> Não se pode confundir o gosto com a gastronomia. Se o gosto é esse dom natural de reconhecer e gostar da perfeição, a gastronomia, ao contrário, é o conjunto de regras que preside a cultura e a educação do gosto. A gastronomia está para o gosto assim como a gramática e a literatura estão para o aspecto literário.

Os intelectuais entrevistados teriam este senso literário de que fala Francastel e seguros deste capital intelectual, escolheram como atividade profissional ocupações que legitimam e necessitam desse saber. Neste sentido é importante avaliarmos quais os critérios utilizados para a seleção de títulos e autores para além da noção de gosto pessoal. O que mais está em questão na escolha da obra? De que maneira a visão de mundo deste grupo aliada à própria prática profissional do jornalista, estabelece que tipo de livro deve ser resenhado? Quais os livros escolhidos e os considerados obrigatórios, ou para usar uma expressão nativa quais são os *incontournables*?

O editor do suplemento do jornal *Quotidien de Paris*, Bertrand Saint-Vincent é categórico em afirmar que as escolhas são arbitrárias e subjetivas. Mas acrescenta o fato de o suplemento fazer parte de um jornal e portanto a seleção também está submetida a uma hierarquia jornalística. Ou seja, a maioria dos livros abordados em todos os suplementos, tanto no Brasil como na França são lançamentos. Esta é uma das primeiras regras. É a novidade e o leitor muitas vezes só toma conhecimento de seu lançamento através do jornal. O *Libération* tem uma coluna de notas que expressa bem esta idéia intitulada "Vient de paraître". O que acabou de ser colocado no mercado. Em seguida, o que surge como ponto importante é nome do autor. Se é um autor novo publicando seu primeiro livro – são inúmeros os casos – ou se é um escritor conhecido e de renome. Isso quando se trata de literatura, aqui incluídas a nacional e a estrangeira, vistas sob este mesmo prisma. E é exatamente neste momento que entram os chamados *incontournables*. Este termo é explicado pelos informantes como designação dos autores de quem a imprensa é *obrigada* a falar. E quem faz parte deste meio sabe quem são os *incontournables* e o espaço que receberão da mídia. Na França estão incluídos nesta categoria "estrelas" como Marguerite Duras, Patrick Modiano, Le Clézio, Michel Rio e Michel Tournier. No Brasil são escritores como Jorge Amado, Rubem Fonseca, João Cabral de Melo Neto, para não falar nos já falecidos Guimarães Rosa, Clarice Lispector ou Carlos Drummond de Andrade. A editora de *Le Monde des Livres*, Josyane Savigneau, afirma qual o destaque para esses escritores renomados: "É evidente que se Michel Tournier faz um livro que todo mundo detesta, a gente vai falar porque é um livro do Michel Tournier. Ele tem uma obra".

Mesmo o suplemento *Les Livres* se rende a esta categoria considerada obrigatória para jornalistas, editores e acadêmicos. Seu editor, Antoine de Gaudemar, assegura que o caderno não se sente obrigado a comentar a obra de nenhum escritor. Mas se por um lado eles acompanham as regras jornalísticas, por outro se colocam um pouco à parte em relação aos grandes nomes, que em termos jornalísticos são notícia por si mesmos. Independentemente da obra produzida. Isso porque esses autores já têm um público leitor que espera informações e também uma crítica do novo livro. Não quer dizer que o jornal geralmente não dê os grandes nomes, mas *pode* até não dar. Esta é a diferença. Aqui entramos em outro aspecto muito interessante em relação aos suplementos, que também parece ser uma regra, dessa vez menos jornalística e mais de política editorial. Os cadernos – todos – são resultado de inúmeras escolhas, sejam escolhas do grupo que trabalha nele, do seu editor ou de seus colaboradores, e ao lado deste dado há o fator concreto do espaço. Mesmo querendo, eles não po-

O LIVRO NO JORNAL 129

dem comentar tudo o que é lançado, nem tudo o que gostariam. Surge mais uma vez o imperativo jornalístico. Matéria de jornal tem espaço e prazo específicos, rígidos e na maioria das vezes apertados. A conseqüência é que cada vez mais os suplementos se tornam um lugar do elogio, ou se não de pouca crítica. A grande maioria das resenhas aponta a importância da obra, ou do tema ou de seu autor. E isso não é involuntário ou inconsciente. Ao contrário, é conseqüência de uma postura política em relação ao livro. É assumir a defesa do livro. É o *parti pris* do livro. Em que medida isso se dá?

O que ocorre é a lógica "estranha" de que apenas os *incontournables* podem ser criticados. Um autor novo não merece esse espaço. Se ele é bom será comentado, do contrário será esquecido, o que na verdade é o que de pior um suplemento literário pode fazer a um livro: ignorá-lo.

Todos os depoimentos demonstram a importância de se obter um lugar "ao sol" nos cadernos, já que o número de títulos lançados em cada país é infinitamente superior à possibilidade dos cadernos tratarem, seja em notas, entrevistas ou resenhas. E por isso na maior parte dos números eles dão espaço apenas para a crítica positiva.

Michéle Gazier, crítica literária da revista *Télérama* é quem melhor expressa essa postura em relação ao objeto livro:

> Eu só escrevo sobre o que eu gosto porque acho que a leitura de um modo geral está diminuindo, apesar dos prêmios e das medidas do Ministério da Cultura. Eu faço uma crítica de proteção, eu divido esse esforço de aumentar os leitores. Faço uma crítica que dê ao leitor vontade de ler. O espaço da crítica está muito pequeno, não há mais espaço para eu gastá-lo com uma crítica negativa.

Este aspecto ajuda a entender por que os suplementos hoje não são mais considerados o cenário da crítica literária, um local de discussão e polêmica. Ainda que alguns cadernos realizem estas atividades esporadicamente, elas não são a sua essência. Não só por este fator. O leitor mudou muito, tem menos tempo, há poucos críticos literários e estes estão mais concentrados na universidade.

130 ISABEL TRAVANCAS

A questão da defesa do livro, e conseqüentemente a positividade da crítica, vai bem mais longe. Estaremos chegando ao *estilo de vida* e à *visão de mundo* desse grupo e também ao seu *network*. Um historiador que escreve resenhas para jornal vai "naturalmente" escrever sobre livros de história, do seu gosto e dos seus pares. Um editor forma o corpo de resenhistas e colaboradores também a partir das suas relações pessoais. Dos seus amigos intelectuais – escritores, acadêmicos e artistas. Alcino Leite, enquanto editor do *Mais!* dizia que ao receber um livro "importante" que deveria ser resenhado, automaticamente pensava em um nome do seu fichário para fazê-lo. Um fichário como o do caderno *Mais!* certamente é mais amplo que a rede de relações de seu editor e tem presença maciça dos intelectuais da Universidade de São Paulo, por exemplo. Tal fato ocorre porque o caderno é de um dos maiores jornais de São Paulo e do país, e no qual grande parte da intelectualidade gostaria de escrever. O jornal também é sinônimo de prestígio e legitima um intelectual da academia para um público maior.

Jornalistas e Acadêmicos

A visão que os indivíduos deste grupo têm do papel do jornalista e do acadêmico ou especialista é descontínua e se reflete nos próprios cadernos. Vários entrevistados elogiam ou criticam o *Le Monde des Livres* e o *Mais!* pela presença maciça de professores universitários ou estudantes de pós-graduação. Alguns observam este fato como característica positiva, outros, como negativa. E aí surge a questão da própria visão do grupo dos jornalistas e dos acadêmicos.

Mathieu Lindon, jornalista do suplemento do *Libération* afirma que mesmo lançando mão e valorizando os acadêmicos, um jornal é feito de jornalistas. "Acho que um jornalista não é um especialista, mas pode escrever sobre qualquer tema. E ele escreve para um público e não para especialistas."

Este espaço nobre do jornal para a intelectualidade é também o lugar de disputas, inclusive de prestígio, entre ocu-

O Livro no Jornal

pações distintas. Os especialistas afirmam muitas vezes que os jornalistas são "especializados em generalidades" e os profissionais de imprensa criticam a forma da escrita daqueles intelectuais, que não escrevem para o público do jornal nem com uma linguagem clara e objetiva.

Alcino Leite, enfatiza a importância do caderno ter colaboradores de prestígio na universidade, que trazem "brilho" para o suplemento e o ajudam a avaliar no dia-a-dia os títulos que são lançados. Tanto que ele é um dos defensores de um pagamento digno pelas resenhas, e não apenas um valor simbólico que só explicita a troca mútua de interesses, a desvalorização dos intelectuais e o seu pouco profissionalismo, como ocorre em muitos órgãos de imprensa. Por outro lado, Alcino é categórico em relação à questão do texto para jornal. Muitos intelectuais não sabem escrever um texto simples, são herméticos e prolixos. A seu ver, escrever bem deveria ser uma prática essencial para quem publica em jornal.

Creio que valeria a pena investigar em que medida este mundo intelectual – a universidade, a imprensa e o mercado editorial – se relaciona entre si e quais os níveis de sociabilidade e cumplicidade.

Em minha dissertação de mestrado sobre jornalistas (1993), analisei a construção da identidade destes profissionais e percebi a dimensão da carreira em suas vidas. Para eles, a profissão tem um peso tão grande que não só é o papel principal de suas vidas, como define um *estilo de vida* e uma *visão de mundo*. Além disso, pude notar que o jornalismo é uma ocupação que faz o indivíduo transitar por mundos os mais diversos. Na prática eles vivem entre e com jornalistas a maior parte do tempo. Seus amigos e cônjuges são da mesma profissão em muitos casos, fazendo com que alguns entrevistados de minha dissertação chegassem a falar em *gueto* para expressar essa intensidade.

Acho que no caso desses jornalistas em particular isso também ocorre, mas há uma abertura para essa esfera maior que chamei de intelectuais ou de mundo intelectual. O contato com os escritores e editores é grande e a circulação nesse meio também. Mas o número de personagens é restrito. Quero dizer com isso que muitos atuam em diversos papéis. Muitos jornalistas escrevem e publicam livros, muitos escritores escrevem em jornais, muitos acadêmicos publicam livros e críticos literários ocupam cargos de decisão em diversas editoras, assim como jornalistas também. Ou seja, é possível falar em papéis profissionais concomitantes. No caso dos intelectuais deste grupo, estes papéis vão determinar uma identidade que significa possuir um conjunto de valores compartilhado por diferentes segmentos.

Portanto, estes indivíduos que transitam por diferentes áreas do mundo intelectual vão sofrer as conseqüências desse movimento. Como afirma Gilberto Velho (1987:20): "a interação com redes de relações mais amplas e diversificadas afeta o desempenho de papéis sociais". Não é à toa que ocorre o desempenho de diversos papéis ao mesmo tempo, ou como conseqüência um do outro. É o caso da responsável por um suplemento que vai trabalhar em uma editora, da repórter de jornal que se torna assessora de imprensa de uma editora. É como se um levasse a outro. É o jornalista que depois de fazer muita resenha e reportagem literária decide escrever seu próprio livro.

Esse processo tem inúmeras implicações. Uma em relação à própria construção da identidade destes intelectuais, como se vêem e se situam em atividades distintas; outra diz respeito à cena intelectual, como os atores se deslocam de uma área para outra e quais as negociações e trocas que estes deslocamentos envolvem.

A primeira aparece muito racionalizada e consciente nos discursos. O jornalista declara que também escreve livros, sendo esta última uma atividade secundária, não no sentido de inferior, mas posterior em relação ao jornalismo. Por outro lado, ele faz a ressalva de que não faz resenha ou reportagem sobre os livros da editora que publica suas obras. E essa é uma exigência do jornal onde trabalha. As jornalistas que foram trabalhar em editoras têm plena consciência do quanto ter trabalhado em jornal foi importante para que ocorresse essa mudança. A experiência jornalística deu conhecimento sobre o assunto e também visibilidade no meio editorial. E para uma jornalista, se tornar conhecida é um fator fundamental inclusive de ascensão profissional.

> É claro que o fato de eu ter sido editora de um suplemento contou. Talvez tenha sido um dos principais trunfos para esse emprego. Na medida em que o dono da empresa estava preocupado com a imagem e queria mais entrada na mídia... Isso contou para ele levar uma jornalista para lá.
>
> LUCIANA VILLAS-BOAS, *ex-editora do* Idéias, *editora da Record.*

> Acho que houve expectativa do dono da editora em relação a minha vinda para cá, mas foi mais pelo conhecimento, pelo saber como funciona uma redação, como funciona a cabeça do editor do suplemento, do que pela minha amizade com outros jornalistas.
>
> SHEILA KAPLAN, *assessora de imprensa da editora Objetiva.*

Creio que esse é um ponto muito interessante em relação ao fato jornalístico e à maneira de pensar do jornalista. Volto a salientar que este profissional tem uma *visão de mundo* característica, e conseguir um espaço na imprensa para os livros implica saber o que agrada a um jornalista. E qual tipo de livro é considerado notícia e tem gancho para ser tema de reportagem.

> Acho que se trata de fazer um livro jornalístico. Da possibilidade de ele "pegar" jornalisticamente falando. Ao que ele se presta em termos jornalísticos, em termos de pauta, de uma coisa mais ampla. O jornalista em geral quer noticiar, ainda que de uma forma tola. E tratando o fato cultural como buraco de rua, como se sempre pudesse ter "furo".
>
> JOSÉ CASTELLO, *jornalista free-lancer de* O Estado de S. Paulo *e escritor.*

Redes de Relações

Já sobre as amizades dos jornalistas, acho que há pontos a considerar. Entre vários entrevistados brasileiros muito se falou da estratégia da Companhia das Letras de publicar livros de jornalistas importantes, de prestígio, que ocupam postos-chave na imprensa e com isso gerar notícia. E estes jornalistas se sentiriam comprometidos com o seu editor e lhe fariam concessões. Na França o tema também foi abordado por diversos informantes e a expressão nativa para este tipo de troca freqüente neste meio é o *renvoi d'ascenseur*, que em português seria ir e vir, ou "mandar o elevador de volta".

A assessora de imprensa da editora A. M. Metaillé, Dominique Bertrand, é quem melhor esclarece o sentido da expressão e como ela funciona na prática.

> Um escritor tem seus livros publicados por determinada editora, então, evidentemente ele, de uma maneira ou de outra, vai privilegiar esta editora. Funciona assim. Acho que os jornalistas são todos escritores, o que lhes dá uma importância notável em relação aos editores. E além disso, muitos jornalistas escritores fazem parte dos júris dos prêmios literários.

Na situação explicitada acima, a troca de "favores" se dá entre jornalistas e editoras. Entre os jornalistas e seus colegas que estão em posições distintas isso pode ser diferente. Outra entrevistada ressalta que, a seu ver, nem sempre ter amigos na redação é certeza de maior ou melhor divulgação para os livros da editora em que trabalha.

> Se a pessoa achar que você está querendo porque é amigo, misturar amizade... Ela pensa que você está ligando porque é amigo, e não dá valor ao livro. Pode até pensar: está me pedindo alguma coisa... Tenho amigos no *Segundo Caderno* e nunca "emplaquei" nada lá.
>
> SHEILA KAPLAN, *assessora de imprensa.*

Há uma visão diferente em relação ao *network* do grupo. Nem sempre ele ajuda ou é usado estrategicamente. O que não quer dizer que não tenha importância e influência, e o sentimento dessa jornalista em relação aos amigos seja fruto de uma atitude pessoal e não do grupo como um todo. Até porque a própria apresentação pessoal não se faz necessária. Seria mais uma postura ética, digamos assim, de não usufruir exclusivamente dessas relações pessoais. Um pouco ao estilo do

O Livro no Jornal

Libération que estabeleceu uma série de regras para evitar os artigos de *complaisance*, ou complacência. É Mathieu Lindon quem declara:

> O *Libération* tem uma deontologia. Ele nunca fala de livros de colaboradores do jornal. E segue isso com rigor. É um acordo que é seguido pelos sete que trabalham no suplemento e é o único jornal a seguir uma regra como essa. Há um compromisso com a veracidade e no mundo da literatura, que é bem restrito, esta atitude gera um problema. Mas no *Libé* não se escreve sobre amigos. E em geral o fato se coloca antes. Alguém sugere ao outro escrever sobre tal livro, ele mesmo declara não poder por ser próximo do autor ou da editora.

Essa atitude do jornal francês não é uma unanimidade. Nem na França, nem no Brasil. Basta citar a editora do caderno do *Le Monde*, Josyane Savigneau, que escreveu uma biografia da escritora francesa Marguerite Yourcenar, publicada pela Gallimard, mas que nem por isso deixa de resenhar livros desta editora, como os de Philippe Sollers, que também colabora no suplemento. No Brasil não há regras deste gênero e o editor do *Mais!* discorda radicalmente delas, em particular no que se refere aos livros dos próprios jornalistas do jornal.

> Acho uma bobagem. Porque afinal é o lugar onde o cara escreve. E privar o cara da divulgação do livro dele no suplemento que é considerado um dos principais é um grande castigo. Acho que é um ato de repúdio ao desafio de publicar bem. A nossa regra é a seguinte: dar a resenha mas com isenção. Ela é isenta, não tem compromisso com ninguém, nem com seus próprios jornalistas. Tem muita gente ligada à *Folha*, além dos próprios jornalistas, os colaboradores devem chegar a quinhetos. Se eu tomasse isso como regra não escrevia nada de ninguém.

Alcino frisa que o jornal evita ao máximo a resenha de amigo e de inimigo, artigo de *complaisance*. Para que o resenhista possa examinar um determinado livro à distância e com objetividade. Senão, cairia no oposto de amigo só elogiar e inimigo só criticar, sem nem ao menos ler a obra. É interessante porque não entra em discussão a subjetividade do autor da crítica que pode gostar ou não do livro, só tem o dever, em relação ao leitor, de justificar seu ponto de vista de forma clara e concisa. O jornal está valorizando este *viés* individualista em que a biografia de quem assina e a sua maneira de encarar o texto são importantes.

A relação dos jornalistas com as editoras também é delicada e discutível. O jornalista Humberto Werneck, que tem seus livros publicados pela Companhia das Letras, justifica a atitude da empresa de publicar livros de jornalistas de prestígio e em atividade, não em função da troca de favores, mas a partir de outro ponto de vista: o da escrita. Fronteira que para muitos divide jornalistas e acadêmicos dentro do universo intelectual. A seu ver, editar livros destes jornalistas não é uma forma de "amarrar" o profissional à editora, o qual agiria de forma comprometida, silenciando a sua crítica negativa.

> Acho que o Luis Schwarcz descobriu que alguns jornalistas podem escrever livros de boa qualidade, com pesquisa aprofundada, mas com um estilo potável e saboroso. Porque muitas vezes o acadêmico produz coisas muito farpadas seguindo regras e muitas vezes fica chato. Muitas vezes o acadêmico não sabe escrever e o jornalista escreve de um jeito melhor.

Prêmios Literários

Voltando à questão de quem circula dentro dessa esfera intelectual maior e de como muitas vezes os mesmos indivíduos ocupam vários papéis, seria importante lançarmos um olhar para a organização dos prêmios literários na França. Isso porque no Brasil os prêmios literários não têm tanta tradição e nem o mesmo significado financeiro. Na França a disputa pelos prêmios é bastante acirrada.

Um jornal francês tradicionalmente crítico e irônico – *Le Canard Enchaîné* – realizou uma grande matéria para apontar, sem subterfúgios, como se distribuem os prêmios (*Dossiers du Canard*, junho-julho, 1989). O texto afirma que os prêmios são o resultado de um grande esforço dos editores e de uma "troca de favores". Os prêmios literários têm grande importância naquele país e os de maior destaque são: Goncourt, Renaudot, Fémina, Interallié e Médicis. A conquista de um destes prêmios significa, além de prestígio para o autor e para sua casa editorial, um enorme sucesso popular e, conseqüentemente, grandes lucros. Segundo o jornal, o mais importante deles, o Goncourt, pode trazer para seu editor em torno de cinco milhões de francos. Mas o ponto-chave para o *Canard* é o fato de que nos últimos vinte anos, 75 dos cem premiados pertenciam às editoras Gallimard, Grasset ou Seuil. Para que isso ocorra é necessário que haja um "acordo de cavalheiros" e a "troca de favores" aconteça. É curioso, porque os termos poderiam apontar muito mais para uma sociedade medieval do que para o aparente anonimato de uma sociedade contemporânea onde as negociações parecem se suceder de forma impessoal.

O processo se dá a partir da necessidade do editor ter ao menos dois jurados "no bolso". O que é feito, de acordo com o jornal, da seguinte maneira: a editora estabelece uma relação estreita com esses membros do júri, publicando suas obras e pagando altas cifras a título de adiantamento por projetos que talvez nunca se concretizem. Assim a empresa exerce poder e pressão sobre a escolha dos títulos a serem laureados. Não é por acaso que o título da matéria é "Les lauriers sont coupables". Ou seja, os vencedores não ganham apenas pelo mérito literário de suas obras, mas por artimanhas criadas pelos seus editores e são culpados por isso. É claro que nem sempre as estratégias são eficazes. Há desentendimentos e a instabilidade e o temperamento dos membros do júri também pesam na decisão. O jornal termina afirmando que das três editoras, a Grasset é a preferida. De 1979 a 1989, a empresa conquistou seis Goncourt, sete Renaudot, treze Interallié e oito Médicis. Somente no prêmio Fémina a editora não é tão privilegiada, tendo recebido apenas dois.

Os prêmios literários na França, sua importância e seu sistema de alianças foi tema de uma matéria com o escritor e crítico literário Angelo Rinaldi na revista *Esprit* (novembro, 1989, n. 156) intitulada "La comédie des prix littéraires". Nela, o crítico enfatiza o tráfico de influências dos editores na escolha dos prêmios, mas também explica por que os prêmios têm tanta força no mercado editorial.

Os prêmios são necessários, eles fazem parte do temperamento francês – adoramos as recompensas – e a edição tem muita necessidade desse apoio financeiro. Cada editora precisa de um grande sucesso comercial para poder financiar livros que não atingirão o grande púbico ou que têm circulação lenta.

Assim o que funciona é o trabalho político e diplomático dos editores, não importando tanto a qualidade literária das obras em julgamento.

A Lógica do Mercado

Por outro lado, vem à tona uma lógica do mercado editorial explicitada em diferentes depoimentos de que *best-sellers* ajudam as editoras a sobreviver e a publicar obras de melhor qualidade, as quais estariam inviabilizadas sem os primeiros. Vários informantes brasileiros se referiram ao "fenômeno" Paulo Coelho como muito positivo para o crescimento do mercado. Ou seja, é aceitável que as editoras publiquem livros de sucesso mas de qualidade discutível para viabilizar obras que possuam um público mais restrito e portanto sejam menos rentáveis.

Heloísa Buarque de Hollanda chegou a avançar nessa lógica de que os "grandes" ajudam aos "pequenos". A seu ver, estes livros de grande público teriam também um outro papel: atrair o leitor. Como se a leitura fosse um processo de sedução e de evolução.

Eu acho que a gente é um país de analfabetos, que não tem hábito de leitura, que não tem a cultura da leitura, então, creio que se uma pessoa está lendo o Paulo Coelho eu ajoelho e beijo os pés. Porque tem a chance de ele ler o meu depois. Pode ser um começo. Sem falar que ele alimenta e agiliza o mercado, abre livraria, vende papel.

Mas essa perspectiva está longe de ser um consenso no grupo. Vários são reticentes quanto a essa trajetória do leitor,

O Livro no Jornal 139

essa evolução progressiva que passa da leitura mais comercial para a leitura considerada literária. Muitos são céticos em relação a esta visão otimista do leitor, principalmente no Brasil. O crítico e ensaísta Silviano Santiago é um deles. A seu ver, há vários fatores que justificam esse ceticismo. O primeiro é o fato de o Brasil não possuir uma tradição de cultura literária, de literatura literária. A tradição forte do país é de música popular e de altíssimo nível. Em relação ao texto, para ele, o que ocorre hoje em dia é uma desvalorização da escrita. Não há uma aposta da própria sociedade em uma literatura mais sofisticada e de qualidade. E a imprensa tem responsabilidade, por estar muitas vezes comprometida com esta literatura mais ligeira, comercial ou descartável. O "fenômeno" Paulo Coelho estaria inserido nesse processo. Silviano salienta que o autor fortalece, sem dúvida, a indústria do livro no Brasil, e agora no mundo. A própria editora paradigmática da França, Gallimard, precisou de um certo número de *best-sellers* para continuar a existir. Mas esses dados não estão modificando o leitor.

> Não acredito que quem lê Paulo Coelho, hoje, vai ler Machado de Assis amanhã. Acho que essa visão é derivada do pensamento do Paulo Emílio Salles Gomes a respeito do cinema, mas é uma má leitura dele. Se você não tiver uma indústria cinematográfica forte, você não tem cinema. E a chanchada dava uma grande estabilidade à indústria cinematográfica. Não acho que seja a mesma coisa em relação ao Paulo Coelho.

O que todos estão de acordo é sobre a importância da profissionalização do mercado editorial, do reconhecimento do autor. E o sucesso do Paulo Coelho, aliado ao surgimento de uma empresa paradigmática e geradora de grandes transformações nos anos 1980-1990 na indústria do livro no Brasil – a Companhia das Letras –, vão ser fundamentais. Uma empresa que vai investir na qualidade dos textos e do projeto gráfico dos seus livros, e também no tratamento dispensado ao autor, que passa a receber adiantamento dos direitos autorais – fato muito raro até então no Brasil – além de realizar campanhas publicitárias para divulgar seus títulos, e fazer promoções conjuntas

140 ISABEL TRAVANCAS

com outras mídias. Muitos informantes salientam que o que ocorre é que cada época tem uma editora modelo, como já o foram a José Olympio, a Civilização Brasileira e a Nova Fronteira.

Tenho a maior admiração pela Companhia. Eles são muito profissionais. Eles mudaram primeiro e fizeram com que todas as editoras tivessem que correr atrás do seu produto, da sua capa, do seu tradutor, da beleza gráfica do livro. O mercado teve que se repensar com a entrada dela.

MARIA AMÉLIA MELLO, *editora da José Olympio*.

A Companhia consegue o melhor dos dois mundos, porque ela tem uma imagem de qualidade literária, mas não é considerada uma editora de *best-seller*. O ano passado foi um ano glorioso para ela, quando teve cinco ou seis títulos de não-ficção na lista dos mais vendidos, mas nunca esta expressão: editora de *best-seller*. Isso é um trabalho de construção de imagem muito bem feito.

ROBERTO FEITH, *dono da Objetiva*.

Em relação aos suplementos também há muita discussão sobre esse lugar privilegiado da editora. Muitos pensam que a imprensa dá mais espaço para a Companhia do que para outras editoras. Outros ressaltam que ela estabelece acordos e decide para qual órgão vai dar primeiro um livro. Há relações de poder em jogo e uma polêmica sobre esse ponto. A própria decisão em um plano de mídia de dar as provas de um livro para um jornal ou revista antecipadamente é controversa.

Eu pensava que quando você tem um livro você o dá para todo mundo. Mas não é assim. Você faz todo um plano de mídia para ver quem vai ter exclusividade, prioridade. E pode ser só um do Rio e um de São Paulo, ou a *Veja*. Cada livro tem o seu plano de mídia de acordo com o seu conteúdo. E perdi o prurido. Achava isso difícil de negociar. Mas é a norma imperante. Às vezes tem problemas mas no geral é tudo muito civilizado.

BETH SERPA, *assessora de imprensa de diversas editoras*.

Ninguém assina duas revistas para saber quem deu primeiro, só jornalista lê as duas. A Companhia das Letras tem muito disso. Eles privilegiam muito a *Folha* e a *Veja*. Então um livro muito esperado como o do Rubem Fonseca, por exemplo, eles dão primeiro para a *Veja*. Agora, claro que a gente

O LIVRO NO JORNAL   141

tem as nossas maneiras de retaliar... Mas isso eu não me importo, paciência.
Não vou deixar de informar o meu leitor.

APOENAM RODRIGUES, *editor de cultura da* Isto É.

Na verdade esses depoimentos estão apontando as estratégias do mercado editorial para aumentar a eficácia da divulgação de um livro, partindo do pressuposto de que a imprensa ajuda a venda dos títulos, embora ainda seja difícil precisar e definir em que medida. São poucos os que discordam desta afirmativa. O que alguns informantes salientam é a complexidade do papel da imprensa. Há um consenso de que aparecer nas páginas de um suplemento é uma forma de exibir um livro, já que a indústria editorial, tanto na França, quanto no Brasil, produz muito mais títulos do que o público consumidor toma conhecimento e adquire. Entretanto, um autor de renome que já tem o seu público cativo e fiel, não sofre nenhuma interferência do que sai publicado na imprensa, mesmo que seja uma crítica negativa. E mais uma vez aqui o caso Paulo Coelho é citado nos depoimentos dos intelectuais franceses e brasileiros como exemplar. O seu leitor já aderiu a um gênero de livro, e não leva em consideração a opinião dos jornais, e esta não afeta em nada as vendas. E exatamente por conhecer como funciona a cabeça do leitor é que vários editores de jornais decidiram não comentar os livros do Paulo Coelho, pelo menos até quando foi possível. A partir do momento em que ele se tornou um "fenômeno" internacional foi inevitável abordá-lo. Ele se tornou *incontournable!* Essa foi a atitude da *Veja*, do *Libération*, do *Le Monde*, do *Mais!* e do *Jornal do Brasil*. Em relação aos outros livros, o que pude perceber, a partir dos próprios discursos, é que duas revistas são exemplares em termos de influência nas vendas: *Télérama*, na França e *Veja*, no Brasil. Ninguém questionou essa afirmativa, o que não quer dizer que os suplementos propriamente ditos não ajudem nas vendas, mas ficou claro que eles são um espaço de amostragem de segmentos do mercado editorial e que o seu público leitor em geral é letrado, culto, provavelmente universitário e com hábito de leitura consoli-

142 ISABEL TRAVANCAS

dado. Não é um leitor que precisa ser conquistado. Nem é um leitor, de literatura comercial e de auto-ajuda. Ele já aderiu e num certo sentido faz parte da lógica do *parti pris* do livro. Estou me referindo apenas ao leitor dos cadernos, porque é sabido que o leitor de um jornal não lê todos os setores deste jornal. Ele tem preferências, interesses, necessidades particulares. Não é por acaso que quase todos os editores enfatizaram a importância de uma matéria de livros sair em áreas diferentes, no esforço de busca de um novo leitor, de uma abrangência maior. Seria o caso das revistas citadas. Uma assessora de imprensa francesa foi categórica em afirmar que uma crítica na *Télérama* deslancha as vendas de maneira evidente. O editor de livros da *Veja* garante que já ouviu, do dono de uma editora, que uma resenha na revista significava muito mais em termos de venda do que a capa de qualquer um dos cadernos culturais do Rio de Janeiro ou de São Paulo[3].

De acordo com as entrevistas dos responsáveis pela área de livros das revistas, a ótica é diferente. O jornalista da *Veja* destaca o fato da revista ter um público leitor amplo e diversificado, que também inclui amantes de *best-sellers*, que não podem ser esquecidos e muito menos humilhados pelo órgão. Eles esperam uma orientação e não uma crítica às suas escolhas pessoais. E reforça o fato da revista não poder negar que está ancorada na lógica jornalística do que é notícia e da necessidade de informar. A jornalista do veículo francês pensa muito diferente. Primeiro não se elogia um livro que não agradou aos jornalistas da seção. É uma regra. Ou seja, o critério não é o gosto do leitor da revista, ainda que ela possa supor que o público é semelhante ao do jornal *Le Monde* e qual seria o seu perfil.

---

3. *Télérama* era uma revista de cinema e rádio que conquistou o público e a partir daí decidiu tratar também de música e literatura. Hoje vende de quinhentos a seiscentos mil exemplares por semana. *Veja* vende em torno de um milhão de exemplares semanalmente e é uma revista de atualidades cobrindo política, economia e cultura.

O *Parti Pris* do Livro

Outro dado curioso sobre o papel da imprensa em relação ao livro, e destes suplementos em particular, é o outro lado do *parti pris* do livro. Apenas um diretor de uma editora e um jornalista consideram enorme o espaço dedicado aos livros na grande imprensa, aí incluídos os cadernos literários. Como se não houvesse um distanciamento crítico de outros intelectuais para avaliar o significado desse espaço. Eles não consideram negativa a atenção dispensada aos livros, ao contrário, mas tentam relativizar, tanto em termos econômicos, como culturais.

> A edição literária, a que diz respeito aos suplementos literários, ocupa grande parte dos jornais, mas movimenta pouco dinheiro, é minoritária em número de empregos no setor – deve haver *doze mil* pessoas trabalhando nesta área na França. Portanto, é um pequeno setor com uma grande visibilidade, porque nem todo mundo lê romance. É um setor irrisório em termos econômicos e importante em termos de autoridade. Já que, por exemplo, a economia do açúcar é muito mais importante e não tem suplemento sobre ela nos jornais.
>
> THIERRY DE VULPILLIÈRE, *editor da* Belin.

> Fiz uma pesquisa sobre tudo que a *Veja* tinha dado na área de livros até 1994 e descobri que a seção tinha sido contemplada com o maior número de páginas na revista, que era na época a quinta maior no mundo. Livros tinham tido mais espaço do que música, cinema, televisão, artes plásticas.
>
> RINALDO GAMA, *ex-editor de livros da* Veja.

O jornalista chega a comparar a área literária com a de televisão – o outro setor que possui caderno especial nos grandes jornais – em termos de mercado, de movimentação de dinheiro e de pessoas empregadas, e a disparidade é enorme. A seu ver, tal fato ocorre porque a imprensa escrita se sente "irmã" da literatura e se vê obrigada a lhe dar espaço, a lhe proteger. Esse é um dado que considero muito importante e remete à própria constituição deste grupo.

Há uma defesa clara do livro, da literatura de qualidade ou literária, desse universo e desse mercado também. Creio que essa proteção e defesa da própria escrita, da palavra, como aponta o depoimento, é um dado relevante, mas aliado a ele

ISABEL TRAVANCAS

penso que há uma defesa individualista dos valores de cada uma dessas pessoas. Não apoiar o livro, é não apoiar o ideal deste grupo intelectual, em que a cultura literária é um valor. É o capital que eles possuem e que colocam no mercado. Ele faz parte da identificação de cada um deles como pessoa, como indivíduo. É quase como uma característica da personalidade. Guardadas as devidas proporções e semelhante a quando me refiro dos jornalistas em relação a sua profissão, há também uma "adesão" deste grupo em relação ao livro. Objeto sagrado, objeto amado que, ao mesmo tempo, se dessacraliza, se comercializa, e se banaliza no mercado. E por isso é tão importante, e ficou claro ao longo dos depoimentos, a distinção entre obra literária e obra não-literária, fácil ou comercial.

Uma vez mais ressalto o papel da Companhia das Letras por ter conseguido reunir nesse imaginário intelectual o melhor dos dois mundos: qualidade e sucesso.

Entrevistas e Entrevistados

O grupo de entrevistados reunidos neste capítulo pode ser denominado intelectual. Creio ser adequado defini-los como tal em função do que foi discutido e à luz dos conceitos de Charle, Gramsci e Lipset. Intelectual é uma noção vasta que pode abarcar de jornalistas e escritores a professores universitários e acadêmicos.

Acredito que a relação com o livro, profissional e pessoal também estabelece um elo entre estes indivíduos, que pode ser caracterizado como interesse pelo conhecimento, pela sua divulgação, pelo prazer no saber e pela leitura como fonte de inúmeras possibilidades.

E penso que situá-los como intelectuais pertencentes às camadas médias e altas implica uma definição abrangente e engloba diferentes segmentos que devem ser percebidos para além dos critérios sócio-econômicos. O que remete à questão de localizar fronteiras simbólicas. Estas fronteiras – citando Gilberto Velho (1987:16), seriam o resultado da "demarcação de experiências capazes de formar uma identidade comum entre os indivíduos". No caso dos indivíduos estudados nesta pesquisa, acho que pode-se falar em termos de uma identidade comum geradora de um *ethos* específico.

Portanto, considero que as diferenças entre as atividades profissionais dos membros deste grupo não implicam posturas opostas ou divergentes em relação ao livro, ao mercado editorial ou aos suplementos. Ao contrário, é possível falar em uma visão de mundo semelhante entre eles.

Nem todos os membros do grupo são profissionais de grande prestígio ou sucesso, alguns, principalmente jornalistas, ainda estão em início de carreira. Os outros já se encontram em fase mais avançada de suas trajetórias profissionais e obtiveram sucesso e alguma notoriedade.

Faço um comentário a respeito da assinatura em jornal. Jornalistas ou colaboradores que escrevem nos cadernos têm visibilidade em relação ao público e não estão mergulhados no anonimato. Outro fator importante de reconhecimento partilhado por vários entrevistados é a publicação de uma obra. Jornalistas e acadêmicos têm seu prestígio aumentado com esta entrada no mundo dos livros, não como pessoas que escrevem sobre eles, mas como seus produtores.

Várias questões foram discutidas durante este capítulo e o aspecto gosto como expressão da subjetividade desses indivíduos merece mais considerações. Essas entrevistas são discursos e como tal devem ser analisadas com cuidado. São indivíduos falando de si, de suas escolhas, trabalhos e identidades. Na verdade são construções pessoais para o outro, para o pesquisador.

Há uma ênfase nessa subjetividade como já foi salientado aqui diversas vezes, mas poucos depoimentos expressaram o quanto essas subjetividades sofrem outras influências externas (ideológicas, políticas, religiosas e sociais). Como se a questão do gosto reunisse, e em certo aspecto encobrisse, outras problemáticas. Da disputa de poder dentro da redação e da própria editoria, do jogo de influências entre editores e jornalistas, das redes de relações de parentesco e amizade dos proprietários do jornal, das diferenças de posicionamento político de editores, jornalistas e diretores. Enfim, como se toda essa série de pontos não tivesse grande expressão na prática dos produtores dos cadernos, nem repercussão em suas páginas. O mesmo pode ser dito em relação aos acadêmicos e editores. Basta lembrar a disputa acirrada e nem sempre leal pelos prêmios na França.

Pretendo apenas salientar que essa noção de subjetividade reforçada pelo grupo e que considero relevante, não dá conta de toda a problemática de organização e seleção dos cadernos.

Conclusão

Ao finalizar este trabalho, creio poder apresentar algumas conclusões. A primeira delas é a de que é possível comparar produtos culturais, no caso, cadernos de livros, em países tão diferentes como Brasil e França. Os dois países são sociedades modernas, capitalistas, urbanas com uma indústria cultural bastante dinâmica. Ao pesquisar os suplementos literários, na realidade, buscava entender o lugar e as relações destes dois objetos distintos e estreitamente relacionados: o jornal e o livro. E neste caso específico como o jornal e seus produtores tratam e pensam o livro. O livro como produto da sociedade de massa, como centro da notícia e ponto de partida dos suplementos.

Um aspecto que considero importante enfatizar em relação aos dois países é o valor simbólico do livro. A França é um país que constrói a sua identidade nacional tendo como marca importante o livro e a literatura. O mesmo não acontece com o Brasil, um país mais profundamente musical do que literário, por inúmeras razões. Entretanto, o que percebi ao longo deste trabalho foi como as semelhanças entre as perspectivas e diretrizes mais gerais dos quatro cadernos eram muito semelhantes. Os suplementos tiveram um papel importante, do início do século XIX até algumas décadas, como espaço de publicação de literatura e também de crítica literária. A imprensa francesa, assim como a brasileira, mudou muito e o perfil destes suplementos já não é mais o mesmo.

Eles não são mais o palco de discussões literárias, nem romances são divulgados primeiramente em suas páginas. Hoje estes cadernos são um espaço de expressão do mercado editorial. Não afirmo que os quatro cadernos analisados – *Idéias*, *Mais!*, *Les Livres* e *Le Monde des Livres* – sejam retratos fiéis do mercado editorial brasileiro ou francês. Eles são uma representação deste mercado, fruto de uma visão de mundo de quem os produz e participa deles. É basicamente a partir desse *viés* que estes suplementos se constroem. Não considero que os cadernos sejam simplesmente o resultado destas escolhas pessoais. Desejo enfatizar que eles, enquanto objetos jornalísticos, estão submetidos primeiramente à lógica do jornal e conseqüentemente ao imperativo da notícia. A partir deste crivo inicial, eles vão se construir como uma representação subjetiva do grupo de indivíduos que trabalha neles.

Como já destaquei antes, estas duas sociedades estão impregnadas de ideologias individualistas, que valorizam as escolhas pessoais, as subjetividades. Estes cadernos são a expressão dessas individualidades, afirmação das subjetividades. Como analisei no capítulo 3, "O Discurso dos Intelectuais", o indivíduo é um valor nestas sociedades e seu gosto pessoal pode e deve ser expresso e privilegiado. Aqui não impera o discurso da objetividade da análise, mas se enfatiza e prioriza o discurso da subjetividade. Sem dúvida alguma, a visão de mundo deste grupo não é monolítica, nem sem nuances. Há variações de grau e de ênfase entre seus membros, da mesma forma percebe-se ambigüidades, influências de outras ideologias, assim como diferenças entre discurso e prática. Entretanto, se quando pesquisei os jornalistas (1993) percebi o quanto a ocupação é um dado importante na realização dos projetos individuais dos jornalistas entrevistados, o que se nota através do depoimento dos intelectuais entrevistados é uma estreita rela-

O Livro no Jornal 149

ção com o livro como objeto de leitura, de conhecimento, de prazer, mas principalmente como expressão do poder simbólico de uma sociedade letrada. Não é à toa que é possível se afirmar, tanto em função da análise dos suplementos como das entrevistas, que há uma defesa do livro, um *parti pris* do livro. Alguns entrevistados chegam a demonstrar a sua insatisfação em definir o livro como produto comercial submetido nos suplementos à lógica da notícia.

Em que medida a análise dos cadernos é confirmada plenamente pelos depoimentos? Muitos entrevistados apontam uma intenção de tendências, de escolhas e de gostos que nem sempre se realiza. Pode-se notar como os suplementos sofrem inúmeras influências do movimento do mercado editorial, do cumprimento dos prazos pelos colaboradores, da relação com as editoras, do espaço destinado à publicidade, da hierarquia do jornal, entre outros.

Acredito que os suplementos e seus produtores estão sendo afetados por duas lógicas: a individualista e a hierárquica, ambas presentes na sociedade brasileira e francesa, muito discutidas pelos antropólogos Roberto Da Matta e Gilberto Velho. Da Matta dirige seu olhar para a sociedade como um todo, enquanto Gilberto Velho trata especificamente das camadas médias. E estes cadernos são a representação e prática destas duas lógicas. O processo de seleção do suplemento resulta basicamente da decisão de seu editor e sua equipe, o que não quer dizer que a direção não possa encaminhar um livro para ser resenhado, assim como os jornalistas ou colunistas não venham a ter um espaço garantido para seus livros nas folhas destes cadernos. Isto porque estas duas lógicas estão atuando concomitantemente, fazendo com que os suplementos sejam o resultado das duas, da sua convivência. Na medida em que há constante negociação entre elas por parte dos indivíduos. Como pesquisadora pensava encontrar mais distinções em relação a estas duas ideologias nos dois países. Acreditava que a sociedade francesa como um todo, e particularmente o grupo estudado estaria mais profundamente influenciado pelas ideo-

150 ISABEL TRAVANCAS

logias individualistas do que pude perceber. As redes de relações, os contatos pessoais e muitas vezes familiares tiveram peso expressivo na trajetória dos entrevistados assim como na construção dos cadernos.

Em relação à idéia inicial de que os suplementos da atualidade não são mais um espaço para a literatura e sua crítica, confirmando o ponto de vista de Silviano Santiago, de que houve uma "desliteraturização" da imprensa, ressalto alguns aspectos. Os jornais nas sociedades modernas concentraram a sua atenção para a notícia e a reportagem nas diversas editorias. O espaço para crônicas, poesias, publicação de trechos de romances reduziu-se enormemente. A influência de uma linguagem mais "literária" também foi desaparecendo dos jornais, assim como os escritores se tornaram presenças mais raras em suas páginas. O jornal-empresa virou modelo e o jornalista assalariado seu elemento principal. O lide se tornou uma regra obrigatória na maioria dos grandes jornais e o espaço para o uso de uma linguagem diferenciada, "mais criativa", diminuiu. Mas ao longo desta pesquisa, me perguntava: se o livro e a literatura não fazem parte ou não atuam mais com tanta força na imprensa, por que os cadernos continuam existindo, ainda que com um novo perfil?

A criação e a permanência destes cadernos é expressão do interesse destes quatro jornais de apoiar o livro e a literatura. Eles ainda são um *valor* nas sociedades ocidentais. Valor que remete à idéia de tradição e à definição destas sociedades como letradas. Os escritores ainda são vistos como indivíduos que, muitas vezes, obtiveram sucesso, prestígio e reconhecimento, valores expressos pela própria sociedade e da qual os jornais e seus suplementos seriam um canal.

Da mesma forma a publicação destes suplementos para seus respectivos jornais significa prestígio. Não quer dizer que estes cadernos não devam ser lucrativos ou rentáveis, apenas ressalto que eles podem contribuir muito mais para a imagem de seus veículos do que acrescentar um resultado financeiro satisfatório. Aqui faço uma observação. Na França o dia de

O Livro no Jornal 151

publicação dos cadernos é o dia de maior venda dos dois jornais, o que me permite afirmar que estes dois suplementos têm um peso justificável, são um ganho financeiro para os seus órgãos. Em relação ao Brasil este dado é mais complexo. O *Mais!* é publicado no domingo, dia de maior vendagem da *Folha de S. Paulo*, fato que independe da existência do caderno, na medida em que esse dia é consagrado na imprensa brasileira como o de maior venda, e no caso da *Folha*, já o era antes da criação do caderno. Por outro lado, não é um caderno que tenha seu custo atenuado pela publicidade. O *Idéias* é um suplemento que existe há quinze anos e já passou por várias reduções e cortes por medida de economia e, segundo os próprios entrevistados, já esteve em vias de extinção diversas vezes. Mas ele permanece. Ou seja, há um interesse do jornal em preservá-lo, e como ele não é lucrativo, me possibilita concluir que há um ganho simbólico em termos de imagem do jornal para o seu leitor. Um editor entrevistado salienta a ausência de suplementos de outras áreas financeiramente mais fortes para economia, ou mesmo de cadernos específicos produzidos pela grande imprensa para outros setores da indústria cultural como o cinema e o teatro. O que a meu ver, só reforça a idéia do poder simbólico do livro nas nossas sociedades ocidentais. Sem dúvida que há toda uma discussão que se inicia com Theodor Adorno sobre o papel avassalador da indústria cultural, da mesma forma que há dados sobre a diminuição da leitura entre os jovens, aumento crescente dos efeitos sedutores da mídia audiovisual, números reduzidos das tiragens do livros entre outros aspectos. Mas esse é um dos muitos lados dessa questão. Os governos, as escolas e universidades e a imprensa continuam enfatizando a importância do livro na nossa sociedade. E permanência dos suplementos é a prova disso. Com todas as implicações dessa existência dentro de uma sociedade de massa e de consumo e onde o livro é visto como tal.

Penso que os suplementos de maneira geral cumprem o papel de defesa da literatura e mais especificamente do romance. Os jornais, com seus cadernos, demonstram empenho e interesse em que o mundo dos livros e da leitura continue tendo espaço e importância na sociedade, lembrando afirmação de Marisa Lajolo (1994:107) de que "a história da literatura de um povo é a história das leituras de que foram objeto os livros que integram o *corpus* dessa literatura".

Sem dúvida os suplementos têm novas feições na atualidade. Estruturados pela lógica jornalística, são ainda um lugar privilegiado para a literatura e os livros. O que não significa dizer um lugar ideal ou um espaço sem tensões entre gêneros e perspectivas.

Certamente não esgotei, com essa investigação, o campo dos suplementos literários no Brasil e na França. Procurei com este trabalho desvendar um tipo específico de suplemento, complexo e fruto de diversos campos – jornalístico, literário e editorial – assim como elucidar a lógica e a visão de mundo de seus produtores e colaboradores. Espero ter contribuído para tornar mais clara a construção destes quatro suplementos, suas particularidades e semelhanças e a identidade de seus editores e coparticipantes.

Bibliografia

ABREU, Alzira Alves de (org.). *A Imprensa em Transição*. Rio de Janeiro, Fundação Getúlio Vargas, 1996.

ADORNO, T. W. *Notas de Literatura*. Rio de Janeiro, Tempo Brasileiro, 1991.

ALBERT, P. & TERROU, F. *Histoire de la presse*. Paris, Presses Universitaires de France, 1979.

ALTIERI, Charles. *Canons and Consequences*. Evanstone, Northwestern University Press, 1990.

AMOROSO LIMA, Alceu. *O Jornalismo como Gênero Literário*. São Paulo, Com/Arte e Edusp, 1990.

ASIMOV, Isaac. *Antologia*. Rio de Janeiro, Nova Fronteira, 1992.

BAKHTIN, Mikhail. *Questões de Literatura e de Estética*. São Paulo, Unesp, 1993.

BAUDELAIRE, Charles. *Oeuvres Complètes*. Paris, Gallimard, 1970.

BENHAMOU, Françoise. "Le marché du livre: un état des travaux". *Revue Française de Sociologie*, (27): 545-559, Paris, 1986.

BENJAMIN, Walter. *Magia e Técnica, Arte e Política*. São Paulo, Brasiliense, 1993.

BICALHO, M. Fernanda B. *O Bello Sexo: Imprensa e Identidade Feminina no Rio de Janeiro Fins do Século XIX e Início do Século XX*. PPGAS/ MN-UFRJ, 1978 (mimeo).

BLANCHOT, Maurice. *L'espace littéraire*. Paris, Gallimard, 1955.

BORGES, Jorge Luis & FERRARI, Osvaldo. *Nouveau et ultime dialogue*. Paris, Zoé e Editions de L'Aube, 1991.

BOURDIEU, Pierre & SAINT MARTIN, Monique de. "Anatomie du goût". *Actes*, (oct.): 3-43, Paris, 1976.

_____. *O Poder Simbólico*. Rio de Janeiro, Bertrand, 1989.

_____. *Les règles de l'art*. Paris, Seuil, 1992.

_____. SAINT MARTIN, Monique de & CHARTIER, Roger. "La lecture: une pratique culturelle. Débat entre P. Bourdieu et R. Chartier". *In*: CHARTIER, Roger (org.). *Pratiques de la lecture*. Paris, Payot, 1993.

_____. *Sobre a Televisão*. Rio de Janeiro, Jorge Zahar, 1997.

CALVINO, Italo. *Se Numa Noite de Inverno um Viajante*. Lisboa, Vega, s. d.

CANDIDO, Antonio. *Formação da Literatura Brasileira*. Belo Horizonte, Itatiaia, 1981.

_____. *Literatura e Sociedade*. São Paulo, Companhia Editora Nacional, 1985.

CERTEAU, Michel de. *L'écriture de l'histoire*. Paris, Gallimard, 1975.

CHAMBOREDON, Hélène et alli. "S'imposer aux imposants. A propos de quelques obstacles rencontrés par des sociologues débutants dans la pratique et l'usage de l'entretien". *Genèses*, (16): 95-113, Paris, 1994.

CHAMBOREDON, Jean Claude. "Production symbolique et formes sociales. De la sociologie de l'art et de la littérature a la sociologie de la culture". *Revue Française de Sociologie*, (27): 505-531, Paris, 1986.

CHARLE, Christophe. "Marché de la littérature et strategies intellectuelles dans le champ littéraire". *Actes*, (4): 41-65, Paris, 1975.

_____. *Naissance des intellectuels*. Paris, Minuit, 1990.

CHARTIER, Roger. (org.). *Pratiques de la lecture*. Paris, Payot, 1993.

_____. *A Ordem dos Livros*. Brasília, Universidade de Brasília, 1994.

COCO, Pina Maria Arnoldi. *O Triunfo do Bastardo. Uma Leitura dos Folhetins Cariocas do Século XIX*. Letras/PUC-RJ, 1990. Tese de doutorado (mimeo).

CONAN, Eric & MONGIN, Olivier. "La comédie des prix littéraires". *Esprit*, (156): 5-12, Paris, 1989.

COSTA LIMA, Luiz (org.). *Teoria da Literatura em suas Fontes*. Rio de Janeiro, Francisco Alves, 1975.

_____. (org.). *A Literatura e o Leitor*. São Paulo, Paz e Terra, 1979.

COUTO, André Luis Faria. *O Suplemento Literário do Diário de Notícias nos Anos 50*. Rio de Janeiro, FGV/ CPDOC, 1992 (mimeo.).

DA MATTA, Roberto. *A Casa & a Rua; Espaço, Cidadania, Mulher e Morte no Brasil*. Rio de Janeiro, Guanabara, 1987.

DARNTON, Robert. *O Beijo de Lamourette*. São Paulo, Companhia das Letras, 1990.

_____. *Edição e Sedição*. São Paulo, Companhia das Letras, 1992.

_____. *Gens de lettres, gens du livre*. Paris, Odile Jacob, 1993.

O LIVRO NO JORNAL   155

DE MAN, Paul. *Allégories de la lecture*. Paris, Galilée, 1989.

DEBRAY, Régis. *Le pouvoir intellectuel en France*. Paris, Ramsay, 1979.

DELEUZE, G. & GUATTARI, F. *Por uma Literatura Menor*. Rio de Janeiro, Imago, 1981.

DELPORTE, Christian. *Histoire du journalisme et des journalistes en France*. Paris, Presses Universitaires de France, 1995.

DINES, Alberto. *O Papel do Jornal*. São Paulo, Summus Editorial, 1986.

DIRKX, Paul. "La presse littéraire parisienne et les 'amis belges' (1944-1960)". *Actes*, (111-112): 110-121, Paris, 1996.

DOMENACH, Jean Marie. "Le Monde en question". *Esprit*, (455): 769-778, Paris, 1976.

DONNAT, Olivier. "Democratisation culturelle: la fin d'un mythe". *Esprit*, (170): 65-79, Paris, 1991.

DOURNON, Jean Yves. "Des livres au format de poche". *Corps Ecrit*, (33): 111-116, Paris, 1990.

DURKHEIM, Émile & MAUSS, Marcel. "Algumas Formas Primitivas de Classificação. Contribuição para o Estudo das Representações Coletivas". *In*: MAUSS, Marcel. *Ensaios de Sociologia*. São Paulo, Perspectiva, 1981.

EAGLETON, Terry. *Teoria da Literatura*. São Paulo, Martins Fontes, s. d.

ECO, Umberto. *Lector in Fabula*. São Paulo, Perspectiva, 1993.

FERRAND, Christine; PIAULT, Fabrice & ROSSIGNOL, Véronique. "Pourquoi achéte-t-on des livres?" *Livres Hebdo*, (151): 76-83, Paris, 1995.

FOUCAULT, Michel. "Qu'est ce qu'un auteur?" *Bulletin de la Societé Française de Philosophie*, (LX IV): 73-104, Paris, 1969.

_____. *A Ordem do Discurso*. São Paulo, Loyola, 1996.

GARCIA JR., Afrânio. "O Brasil como Representação. Leitura Crítica de *O que se Deve Ler para Conhecer o Brasil*, de Nelson Werneck Sodré". PPGAS/MN-UFRJ, 1980 (mimeo).

_____. "Les intellectuels et la conscience nationale au Brésil". *Actes*, (98): 21-33, Paris, 1993.

GEERTZ, Clifford. *A Interpretação das Culturas*. Rio de Janeiro, Zahar, 1973.

GÈZE, François. "Où va l'édition française". *Esprit*, (154): 17-29, Paris, 1989.

GOFFMAN, Erving. *A Representação do Eu na Vida Cotidiana*. Petrópolis, Vozes, 1975.

GOODY, Jack & WATT, Ian. "The Consequences of Literacy". *In*: KARABEL, J. & HALSEY, A. H. (eds.). *Power and Ideology in Education*. New York, Oxford University Press, 1977.

GRACQ, Julien. *En lisant, en écrivant*. Paris, José Corti, 1996.

156   ISABEL TRAVANCAS

GRAMSCI, Antonio. *Os Intelectuais e a Organização da Cultura*. Rio de Janeiro, Civilização Brasileira, 1978.

HABERMAS, Jürgen. *Mudança Estrutural da Esfera Pública*. Rio de Janeiro, Tempo Brasileiro, 1984.

HALLEWELL, Laurence. *O Livro no Brasil*. São Paulo, T. A. Queiroz e Edusp, 1985.

HEMINGWAY, Ernest. *Paris é uma Festa*. Rio de Janeiro, Civilização Brasileira, 1978.

HERTZ, Robert. *Death and the Right Hand*. Aberdeen, Cohen & West, 1960.

HISTOIRE DE L'ÉDITION FRANÇAISE. Paris, Promodis, 1986.

IRIGOIN, Jean. "Deux avatars du livre". *Corps Écrit*, (33): 7-14, Paris, 1990.

ISER, Wolfgang. *L'acte de lecture*. Bruxelas, Pierre Morgada, 1976.

JAUSS, Hans Robert. *Pour une esthétique de la réception*. Paris, Gallimard, 1996.

JEANNENEY, Jean Noël & JULLIARD, Jacques. *Le Monde de Beuve-Méry*. Paris, Seuil, 1979.

———————. *Une histoire des médias*. Paris, Seuil, 1996.

LA PRESSE EN REVUE. "Les Dossiers du Canard". Paris, 10, mar.-abr., 1984.

LABARRE, Albert. *Histoire du livre*. Paris, Presses Universitaires de France, 1994.

LAGE, Nilson. *Ideologia e Técnica da Notícia*. Petrópolis, Vozes, 1982.

LAJOLO, Maria. *Do Mundo da Leitura para a Leitura do Mundo*. São Paulo, Ática, 1994.

LEACH, E. "O Tempo e os Narizes Falsos". *Repensando a Antropologia*. São Paulo, Perspectiva, 1974.

LEENHARDT, Jacques & JÓZSA, Pierre. *Lire la lecture*. Paris, Le Sycomore, 1982.

LEGRIS, Michel. *Le Monde tel qu'il est*. Paris, Plon, 1979.

LES FICHES DU CFPJ. Paris, (39), 1981.

LIPSET, Seymour Martin. "American Intellectuals: Their Politics and Status". *Deadalus Journal of The American Academy of Arts and Sciences*. Summer, 1959: 460-486.

LUSINCHI, Paul. "L'ideologie du roman de masse". *Cahiers Internationaux de Sociologie*, (LXV): 346-358, Paris, 1978.

MANGUEL, Alberto. *Uma História da Leitura*. São Paulo, Companhia das Letras, 1997.

MANUAL GERAL DA REDAÇÃO. São Paulo, *Folha de S. Paulo*, 1984.

MARTIN, Jean. "Critiques littéraires à la derive". *Esprit*, (mar.): 153-187, Paris, 1993.

MEYER, Philippe. "La presse à l'epreuve de la societé française". *Esprit*, (204): 173-180, Paris, 1994.

O Livro no Jornal   157

MITTERRAND, Henri. *La littérature française du XXeme siècle*. Paris, Nathan, 1996.

MOLINO, Jean. "Le texte". *Corps Écrit* (33): 15-26, Paris, 1990.

MOLLIER, Jean Yves. "La presse et l'édition dans la bataille dreyfusienne". *La Revue du Musée d'Orsay*, 48/14(1): 76-85, Paris, 1995.

MORIN, Edgar. *Cultura de Massa no Século XX*. Rio de Janeiro, Forense Universitária, 1986.

NORA, Pierre (dir.). *Les lieux de mémoire*. Paris, Gallimard, 1986, vol II.

NOURISSIER, François. "Critique littéraire". *Corps Écrit*, (23): 3-7, Paris, 1987.

OLINTO, Antonio. *Jornalismo e Literatura*. Rio de Janeiro, Edições de Ouro, 1968.

ORTIZ, Renato (org.). *Pierre Bourdieu*. Coleção Grandes Cientistas Sociais n. 39, São Paulo, Ática, 1983.

PADIS, Marc-Olivier. "Phillippe Sollers: un écrivain d'exception!" *Esprit*, (mar.): 135-152, Paris, 1993.

PAILLET, Marc. *Jornalismo, o Quarto Poder*. São Paulo, Brasiliense, 1986.

PARMENTIER, Patrick. "Les genres et leurs lecteurs". *Revue Française de Sociologie*, (27): 397-430, Paris, 1985.

PASSINI, Marici. *A Cópia*. Rio de Janeiro, UERJ, 1993 (mimeo).

PAULAIN, Martine (dir.). *Pour une sociologie de la lecture*. Paris, Cercle de la Librairie, 1988.

_____. *Lire en France aujourd'hui*. Paris, Cercle de la Librairie, 1993.

PENNAC, Daniel. "Decálogo de um Prazer". *Rioartes*, (11): 18-19, Rio de Janeiro, 1994.

PINGAUD, Bernard. *Le livre a son prix*. Paris, Seuil, 1983.

PINTO, Louis. *L'intelligence en action*. Paris, A. M. Métaillé, 1984.

PONTES, Heloísa. "Retratos do Brasil: Um Estudo dos Editores, das Editoras e das Coleções 'Brasilianas', nas Décadas de 1930, 40 e 50". *BIB*, (26): 56-89, Rio de Janeiro, 1988.

PROUST, Marcel. *Sur la lecture*. Paris, Actes Sud, 1988.

REIMÃO, Sandra. "Brasil, Anos 60, Livros – Sobre o Mercado Editorial e os Livros mais Vendidos". *Cadernos de Jornalismo e Editoração*, vol. 11, (26):145-158, São Paulo, 1990.

_____. "Os *Best-sellers* no Brasil 1980-1981". *Comunicação e Sociedade*, Ano X, (17): 53-61, São Paulo, 1991.

_____. "Sobre a Noção de *Best-seller*". *Comunicação e Sociedade*, ano X (18): 53-60, São Paulo, 1991.

RIMBAUD, Arthur. *Oeuvres complètes*. Paris, Gallimard, 1963.

ROCHA, Everardo. *A Sociedade do Sonho*. Rio de Janeiro, Mauad, 1995.

158 ISABEL TRAVANCAS

ROCHE, Daniel. *Les republicains des lettres*. Paris, Fayard, 1988.

_____. "Les pratiques de l'écrit dans les villes françaises du XVIIIeme siècle". *In*: CHARTIER, Roger (org.). *Pratiques de la lecture*. Paris, Payot, 1993.

RODRIGUES, José Carlos. *Antropologia e Comunicação: Princípios Radicais*. Rio de Janeiro, Espaço e Tempo, 1989.

ROSSI, Clóvis. *O que é Jornalismo*. São Paulo, Brasiliense, 1980.

ROUANET, Maria Helena. *Eternamente em Berço Esplêndido – a Fundação de uma Literatura Nacional*. Rio de Janeiro, Siciliano, 1991.

_____. "Aquarelas de um Brasil". *História, Ciências, Saúde – Manguinhos*, 1(1): 100-108, 1994.

SABLIER, Edouard. *La création du Monde*. Paris, Plon, 1984.

SAINT-JACQUES, Denis & VIALA, Alain. "A propos du champ littéraire. Histoire, geographie, histoire littéraire". *Annales*, (2): 395-406, Paris, 1994.

SALEM, Tania. "Família em Camadas Médias: Uma Revisão da Literatura Recente". *Boletim do Museu Nacional*, (54): 1-29, Rio de Janeiro, 1985.

SALGADO, Gilberto Barbosa. *O Imaginário em Movimento. Crescimento e Expansão da Indústria Editorial no Brasil (1960-1994)*. Rio de Janeiro, IUPERJ, 1994. Dissertação de mestrado (mimeo).

SAMUELSON, François-Marie. *Il était une fois Libération*. Paris, Seuil, 1979.

SANTIAGO, Silviano. "Crítica Literária e Jornal na Pós-modernidade". *Revista de Estudos de Literatura*, (1) 1: 11-17, Belo Horizonte, 1993.

SARTRE, Jean Paul. *Qu'est-ce que la littérature?* Paris, Gallimard, 1995.

SENNET, Richard. *O Declínio do Homem Público: as Tiranias da Intimidade*. São Paulo, Companhia das Letras, 1988.

SHOWALTER, Elaine. *Anarquia Sexual*. Rio de Janeiro, Rocco, 1993.

SILVA, Carlos Eduardo Lins da. *Mil Dias, os Bastidores da Revolução em um Grande Jornal*. São Paulo, Trajetória Cultural, 1988.

SIMMEL, Georg. "A Metrópole e a Vida Mental". *In*: VELHO, Gilberto (org.). *O Fenômeno Urbano*. Rio de Janeiro, Jorge Zahar, 1979.

SIRINELLI, Jean-François & ORY, Pascal. *Les intellectuels en France. De L'Affaire Dreyfus à nos jours*. Paris, Armand Colin, 1992.

SODRÉ, Muniz & FERRARI, Maria Helena. *Técnica e Redação: O Texto nos Meios de Comunicação*. Rio de Janeiro, Francisco Alves, 1982.

SODRÉ, Nelson Werneck. *História da Imprensa no Brasil*. São Paulo, Martins Fontes, 1983.

O Livro no Jornal

SORÁ, Gustavo Alejandro. *Libros de una Exposición. Etnografía de las Bienales Internacionales de Libros de Rio de Janeiro y São Paulo*. PPGAS/MN/UFRJ, 1994. Dissertação de mestrado (mimeo).

SUSSEKIND, Flora. *Papéis Colados*. Rio de Janeiro, UFRJ, 1993.

TRAVANCAS, Isabel Siqueira. *O Mundo dos Jornalistas*. São Paulo, Summus Editorial, 1993.

VELHO, Gilberto. *Individualismo e Cultura*. Rio de Janeiro, Jorge Zahar, 1987.

_____. *Nobres e Anjos*. Rio de Janeiro, Fundação Getúlio Vargas, 1998.

WATT, Ian. *A Ascensão do Romance*. São Paulo, Companhia das Letras, 1990.

WERNECK, Humberto. *O Desatino da Rapaziada*. São Paulo, Companhia das Letras, 1997.

Agradecimentos

Acredito que uma tese é o resultado de um trabalho coletivo em muitos aspectos. Pela quantidade de pessoas que participaram dela, direta ou indiretamente, pelos autores que orientaram a reflexão, pelos colegas que trocaram idéias e pelos inúmeros amigos que tornaram essa empreitada um pouco menos árdua.

À UERJ através de seus funcionários, professores e colegas;

À CAPES pela bolsa de doutorado e pela bolsa sanduíche;

Ao professor Italo Moriconi, meu orientador, pela acolhida ao meu projeto, assim como pela liberdade que me deu;

À professora Claudine Haroche, orientadora na França, presença fundamental para os desdobramentos desta pesquisa além-mar;

Aos professores Maria Helena Rouanet, Everardo G. Rocha, Ana Arruda Callado e Pina Arnoldi Coco que deram a honra de participar da minha banca de doutorado, pela leitura e sugestões valiosas incorporadas a esta versão final;

Às instituições francesas Ecole des Hautes Etudes en Sciences Sociales (EHESS), Biblioteca Iresco do Centre Nacional de Recherche Scientifique (CNRS), Institut Mémoires de l'Edition Contemporaine (IMEC) e Documentation Française, pela eficiência e interesse pelo meu trabalho. Aos professores Roger Chartier e Monique de Saint Martin pela oportunidade de discutir o meu projeto;

Aos inúmeros amigos e parentes que de diversas maneiras me ajudaram ao longo destes anos: Humberto e Dulce Brandi, Izabel Campello,

Margaret Rose O'Neill Ferrario, Celina Travancas, Lucia Brandi, Nicolau e Joaquim da Rocha Cavalcanti, Adriana dos Santos, Marlene Martelotti, Mauricio Brandi e família, Maria Ester Rabello, Marta Amoroso, Maria Lucia e Pedro Carvalho;

A Miriam Moreinos, amiga hoje distante que muito me estimulou nos primórdios deste trabalho, me presenteando inclusive, com a coleção completa do caderno Idéias;

A Mirian Goldenberg, pela leitura interessada de parte da tese;

Àqueles que fizeram com que a gente se sentisse em casa em Paris o meu *merci beaucoup*. São eles: Laurinda e Manuel Ribeiro, Beatriz Olichon, Dominique Gerbaud, Guitte Mordefroid, Elisa Teixeira, Marcos Sampaio, Michelle e Janaína Humbert, Jeanine Gras, Thierry e Catherine de Vulpillière, equipe da crèche Mozart, Mariza, Paulinho e Luísa Werneck, Angela Bernardes, Monica Zielinsky e Carlos Tenius. E em especial a Maria Tavares Cavalcanti, Octavio Dumont de Serpa e Ana Canti.

A Patricia Farias, Geraldo e Pérola, Karla Patrícia Holanda e Márcio Acselrad, Luciana Sandroni e Alexandre Alves, presenças fundamentais na minha vida, cujo apoio intelectual e afetivo é difícil de retribuir.

A Marici Passini e Gilberto Paim, porque sem eles o doutorado teria sido muito mais difícil e bem menos divertido;

A Francisco José Pereira das Neves Vieira, Chico, para quem as palavras são poucas para o muito a agradecer e, a Sofia, que com sua imensa alegria invadiu nossa casa e tornou a vida muito melhor e mais rica;

Por fim, aos meus entrevistados dos dois cantos do mundo, que se dispuseram a falar, demonstrando muito interesse, sem os quais este trabalho ficaria incompleto e empobrecido, o meu sincero agradecimento.

Título	*O Livro no Jornal*
Autor	Isabel Travancas
Prefácio	Gilberto Velho
Projeto Gráfico	Tomás B. Martins
Capa	Ricardo Assis
Editoração Eletrônica	Ricardo Assis
	Aline E. Sato
	Amanda E. de Almeida
Administração Editorial	Valéria Cristina Martins
Formato	13 x 21 cm
Papel de Capa	Cartão Supremo 250 g/m^2
Papel de Miolo	Pólen Soft 80 g/m^2
Número de Páginas	168
Fotolito	Macin Color
Impressão	Lis Gráfica